Bernhard Welte

Das Licht des Nichts

topos taschenbücher, Band 1027
Eine Produktion des Verlags Butzon & Bercker

Bernhard Welte

Das Licht des Nichts

Von der Möglichkeit neuer religiöser Erfahrung

Herausgegeben und mit einem Nachwort versehen
von Holger Zaborowski

topos taschenbücher

Verlagsgemeinschaft topos plus
Butzon & Bercker, Kevelaer
Don Bosco, München
Echter, Würzburg
Lahn-Verlag, Kevelaer
Matthias Grünewald Verlag, Ostfildern
Paulusverlag, Freiburg (Schweiz)
Verlag Friedrich Pustet, Regensburg
Tyrolia, Innsbruck

Eine Initiative der
Verlagsgruppe engagement

www.topos-taschenbuecher.de

Bibliografische Information der Deutschen Nationalbibliothek
Die Deutsche Nationalbibliothek verzeichnet diese Publikation in der Deutschen Nationalbibliografie; detaillierte bibliografische Daten sind im Internet über http://dnb.d-nb.de abrufbar.

ISBN 978-3-8367-1027-5
E-Book (PDF): ISBN 978-3-8367-5028-1
E-Pub: ISBN 978-3-8367-6028-7

Der Text von Bernhard Weltes *Das Licht des Nichts* wird wiedergegeben nach: Bernhard Welte, *Versuche zur Frage nach Gott* (= Bernhard Welte, *Gesammelte Schriften* III, 3), eingeführt und bearbeitet von Holger Zaborowski, Freiburg i. Br. 2008, 118–164.
Umschlagabbildung: kallejipp/photocase
Einband- und Reihengestaltung: Finken & Bumiller, Stuttgart
Satz: SATZstudio Josef Pieper, Bedburg-Hau
Herstellung: Friedrich Pustet, Regensburg
Printed in Germany

Inhalt

Vorwort

Es sei mir erlaubt, zuvor die Entstehungsgeschichte der nachfolgenden Studie zu erzählen.

Den Kern des folgenden Gedankens über religiöse Erfahrung habe ich schon in meinem Buch *Religionsphilosophie* erläutert.[1] Der Gesichtspunkt der Erfahrung kommt in diesem Text nur beiläufig vor.

Ich habe diesen Gedanken dann ganz neu ausgearbeitet für einen Vortrag im Rahmen einer Zusammenkunft katholischer Katechetik-Dozenten in Augsburg im Dezember 1978. Hier ging es nun ausdrücklich um die Sache der religiösen Erfahrung, und hier habe ich mich eingehend mit diesem Gesichtspunkt befaßt.[2]

Ich hatte aber dann Anlaß, auf diese Frage noch einmal zurückzukommen in einem Vortrag im Rahmen der Katholischen Akademie in Bayern im Februar 1979. Darin schien es mir insbesondere notwendig, auf die geistesgeschichtlichen Voraussetzungen des Mangels an religiöser Erfahrung und die daraus sich ergebende neue Form religiöser Erfahrung einzugehen.

Schließlich ergab sich die Notwendigkeit, noch einmal auf dieses Thema in einem Vortrag zurückzukommen, und zwar in Jerusalem an der Theologischen Fakultät der Benediktinerabtei Dormitio auf dem Berg Sion und unter Anwesenheit jüdischer Gelehrter der Bar-Ilan-Universität. Das war im April 1979. Dort verlangte es die Situation, die groß-ökumenische Bedeutung der neuen religiösen Erfahrung zu bedenken. Dies geziemt sich an einem Ort wie Jerusalem, weil dort ja nicht nur die verschiedensten Gestalten des Christentums vertreten sind, sondern diese leben in Jerusalem auch eng zusammen mit anderen nichtchristlichen Religionen, vor allem mit dem gläubigen Judentum und mit dem Islam.[3]

In diesen Vorträgen habe ich zum großen Teil immer wieder die gleichen Beispiele und das gleiche Material verwendet. Aber die Gesichtspunkte waren immer wieder anders. Ich versuche nun in dieser Studie, alle diese Gesichtspunkte zusammenzunehmen zu einem Ganzen. Auch habe ich die einzelnen Schritte des Gedankens, der mir – wie angedeutet – in Stufen heranwuchs, noch einmal überprüft unter Berücksichtigung der regelmäßigen Diskussionen, die sich bei meinen Vorträgen ergaben und aus denen ich nicht weniges gelernt habe. Auch habe ich die Reihen der Zeugen, die ich für den Gedanken anführe, erheblich vervollständigt und genauer zu erläutern gesucht.

So findet man in der folgenden Studie manche Texte, die sich zum Teil auch in anderen Veröffentlichungen finden oder finden werden. Aber alles dies ist nun, wie ich meine, in einen engeren und zugleich umfassenderen Zusammenhang gebracht, es ist in vieler Hinsicht vervollständigt und, wie ich hoffe, auch präzisiert. So darf ich glauben, daß aus dem Alten etwas Neues geworden ist.

Ich danke allen denen, die mich immer wieder durch Fragen und kritische Bemerkungen veranlaßt haben, meinen Gedanken genauer zu fassen.

Freiburg i. Br., den 22. Juli 1979
Bernhard Welte

Zur Einführung

In der neueren Diskussion über die Begründung von Religion und religiösem Glauben ist der Begriff der Erfahrung immer mehr in den Mittelpunkt der Aufmerksamkeit gerückt.[4] Darin zeigt sich ein starkes Bedürfnis, die Legitimation von Religion und religiösem Glauben im Leben selbst zu suchen, in jenem Zusammenhang also, den wir, lebendig miteinander lebend, unmittelbar empfinden.

Allerdings ist der Begriff der Erfahrung, der aufgrund dieses Bedürfnisses in den Vordergrund gerückt ist, einer genaueren Erläuterung bedürftig. Auch das Lebensbedürfnis selbst, das nach Erfahrung ruft, ist sich zumeist über sich selbst kaum genügend im Klaren, und so muß gerade darüber nachgedacht werden.

Darum wollen wir hier zuerst im Dienst möglicher Klarheit wenigstens einige Grundzüge eines für den religiösen Zusammenhang zulänglichen Begriffs von Erfahrung entwerfen, um von da aus dann auf eine Erörterung heutiger Möglichkeiten oder Unmöglichkeiten von religiöser Erfahrung einzugehen.

I. Über den Begriff der Erfahrung

1. Kant hat seinerzeit den Begriff der Erfahrung im Zuge seines Neuentwurfs des abendländischen Denkens präzisiert. Er hatte dabei die neu aufsteigende Wissenschaft im Auge, deren Möglichkeiten und deren Begründung er neu aufgerissen hat. So ist sein Begriff der Erfahrung konsequent an dem orientiert, was wir Wissenschaft im Sinne Kants und im Sinne der nachkantischen Zeit nennen, nämlich im Sinne der empirischen oder der Erfahrungswissenschaften oder der rein formalen logischen Wissenschaften.

Der in diesem Zusammenhang von Kant entwickelte Begriff von Erfahrung ist aber – wie man sieht – im religiösen Kontext nicht zu gebrauchen. Darum hat ja Kant zeigen können, daß die Metaphysik als Wissenschaft, nämlich als Wissenschaft im modernen Sinne dieses Wortes, nicht möglich ist. Und Metaphysik heißt für ihn ja vor allem das Wissen um Gott. Es ist nach Kant als Wissenschaft nicht möglich, weil es außerhalb dessen fällt, was Kant im Sinne der Wissenschaft seiner Zeit Erfahrung nennt. Und in der Tat ist die gesamte moderne empirische Wissenschaft in dieser Hinsicht Kant gefolgt. Darum hat Ludwig Wittgenstein in seinem Traktat gesagt: „Wie die Welt ist, ist für das Höhere vollkommen gleichgültig. Gott offenbart sich nicht in der Welt."[5] Gemeint ist damit die wißbare, und weil wißbare, auch sagbare Welt. Die Welt ist aber die Welt der Erfahrungen im Sinne der wissenschaftlichen Erfahrungen.

Allerdings hat sich nun inzwischen gezeigt, daß der Begriff der Erfahrung weit über den Horizont der empirischen Wissenschaft ausgedehnt werden kann und muß. Dies hat bekanntlich schon Hegel getan, indem er die *Phänomenologie des Geistes* entwarf, von der er in der Vorrede sagte: „Die Wissenschaft dieses Weges ist Wissenschaft der Erfahrung, die das Bewußtsein macht."[6] Er ging damit so weit über Kant hinaus, wie es überhaupt denkbar ist. Und er hat damit den Begriff der Wissenschaft ebensoweit ausgedehnt. Später hat Nietzsche von Erfahrungen gesprochen, die den Rahmen der exakten Wissenschaften ganz sprengen. Vor allem aber hat nach Nietzsche Husserl mit seinem phänomenologischen Neuansatz auf eine sehr genaue Weise für einen zugleich präzisen und unbegrenzt weiten Begriff von Erfahrung die Grundlagen entworfen. Und später hat Hans-Georg Gadamer in seinem Buch *Wahrheit und Methode* einen Begriff von Erfahrung entwickelt, der alle diese nachkantischen Denkanstöße aufnahm und der noch heute als Modell dienen kann für einen Begriff von Erfahrung, der aus der Enge des bloß Empirischen hinausführt, so wichtig dieses auch nach wie vor ist.[7] Der hier entwickelte Begriff von Erfahrung steht also durchaus auf der Höhe des heute möglichen Denkens, und seine wesentlichen Elemente dürften gerade im religiösen Zusammenhang, auf den es uns ankommt, höchst relevant sein. Es ist ja auch kein Zufall, daß sich Gadamer selber ausdrücklich auf die theologische Überlieferung bezieht.

Auf diesen neueren und weiteren, aber genauen Begriff von Erfahrung wollen wir uns hier beziehen. So entwerfen wir, im Blick besonders auf die Gedanken von Gadamer und in Abhebung von der Linie, die sich bis Kant zurückführen läßt, einige Grundzüge eines Begriffs von Erfahrung, der für die Frage nach religiöser Erfahrung und damit für die breite moderne Diskussion darüber grundlegend sein dürfte.

2. Demgemäß muß Erfahrung grundlegend als unmittelbare Gegebenheit des zu Erfahrenden bestimmt werden. Das Erfahrene zeigt sich selber in der Erfahrung unmittelbar dem, der die Erfahrung macht. Diese Unmittelbarkeit kann dann freilich verschiedene Stufen und verschiedene Modifikationen haben. Sie kann zum Beispiel ganz unbemerkt und verdeckt, vielleicht sogar verstellt und verdrängt werden, und sie kann doch unmittelbar da sein und sich zeigen. Und solche Unmittelbarkeit kann umgekehrt auch im hellen Licht der Aufmerksamkeit stehen und kann deren Weite ganz und von Anfang an erfüllen. Und dazwischen gibt es viele mögliche Grade, Stufen und Abwandlungen.

3. Die unmittelbare Gegebenheit des Erfahrenen der Erfahrung darf keineswegs als bloße sinnliche Gegebenheit gesehen werden. Bloße Sinnlichkeit, zum Beispiel bloßes Sehen oder bloßes Hören oder bloßes Riechen, ist überhaupt nichts Unmittelbares, vielmehr sind die Gegebenheiten der einzelnen Sinne, vereinzelt und bloß als solche betrachtet, das Resultat einer Vermittlung durch einen Abstraktionsprozeß. Denn wir sehen ja nie bloß farbiges und schon gar nicht bloß physikalisch verstandenes Licht. Wir sehen vielmehr Sachen, Sachverhalte und Sachverhaltszusammenhänge, und diese sind es, die für uns unmittelbar gegeben sind. Auch sind wir niemals bloßes Sehen in Abhebung vom Hören, von den übrigen Sinnen und von dem, was wir Denken nennen können, sondern wir sind immer eine ganze Offenheit, die freilich reich strukturiert ist, und diese ganzheitliche Offenheit ist das Erst-Gegebene, das Unmittelbare. Was wir als Sehen, Hören, Denken usw. zu unterscheiden gewohnt sind, ist unmittelbar und also vor aller sekundären

Unterscheidung eine umfassende und ungeschiedene, wenn auch reich strukturierte, ganzheitliche Offenheit auf die Welt hin und Offenheit der Welt zu uns. Und darin zeigen sich unmittelbar welthafte Sachzusammenhänge. Sie sind das Unmittelbare und also das, was sich im Sinne der Unmittelbarkeit dem Erfahrenden als Erfahrung gewährt. In diesem Sinne hat Erfahrung einen ganzheitlichen Charakter. Sie nimmt den ganzen lebendigen Menschen unmittelbar in Anspruch.

Die hier gemeinte Unmittelbarkeit schließt vielfältige Einflüsse aus dem geschichtlich-gesellschaftlichen Zusammenhang, in dem wir Menschen immer leben, keineswegs aus. Immer stehen wir unter solchen Einflüssen. Sie werden für uns am deutlichsten in der Sprache. Die Sprache, die wir sprechen, ist uns immer vermittelt aus dem geschichtlich-gesellschaftlichen Prozeß, in dem wir alle leben. Und solchermaßen vermittelt, ist sie zugleich das Medium aller unserer Erfahrungen. Denn wir könnten ja nicht von Erfahrungen sprechen, ohne überhaupt zu sprechen. Erst in der Sprache werden unsere Erfahrungen deutlich. Also, so sollte man meinen, ist die Rede von der Unmittelbarkeit deswegen fragwürdig, weil auf jeden Fall die Vermittlung durch die Sprache und mit ihr durch alles, was zu ihr gehört, für die Erfahrung unerläßlich ist.

Aber dabei ist zu beachten, daß diese Vermittlung durch die Sprache die zu erörternde Unmittelbarkeit dann nicht aufhebt, wenn die Sprache als Sprache sich rein ihrem Wesen gemäß und also ohne Beeinträchtigung entfaltet. Denn dann sprechen wir nicht Sprache, sondern wir sprechen unmittelbar Sachen und Sachverhalte und Sachverhaltszusammenhänge aus. Und ebenso hören wir auch nicht Sprache, wenn die Sprache gut funktioniert, sondern wir hören von den Sachen und Sachverhalten, von denen gesprochen wird. Die Sprache als Sprache, d. h. als ein für sich bestehendes Medium, verschwindet also in diesem Falle ganz, sie wird vollkommene Durchsichtigkeit für die unmittelbare Gegebenheit der Sachzusammenhänge der Welt. Die Vermittlung durch die Sprache geht also in diesem Falle ein in die Unmittelbarkeit des Gegebenen, die gerade durch die Sprache erst möglich wird. Und so ist es auch mit allen anderen Momenten des geschichtlich-gesellschaftlichen Prozesses, welche unsere Erfahrungen – allerdings nie ohne Sprache – bestimmen. Alles dies mündet in dem Fall, den wir hier vor Augen haben, ein in die unmittelbare Gegebenheit der sich der Erfahrung gewährenden Sachverhalte und Zusammenhänge.

Nur dann, wenn die Sprache entgegen ihrem eigentlichen Sinn nicht richtig geht, wenn also etwa bloße Worte gesagt werden und diese Worte dann nur äußerlich mit einer gemeinten Sache assoziativ verbunden werden, verschwindet die Unmittelbarkeit der Gegebenheit und damit die Möglichkeit einer Erfahrung in dem hier gemeinten Sinn. Und entsprechend ist es, wenn aus dem gesellschaftlichen Kontext, in dem wir alle leben, lediglich Meinungen und Redensarten auf dem Wege bloßer Anpassung übernommen und nachgesagt werden. Dann wird gleichfalls die Unmittelbarkeit des Gegebenen aufgelöst, ja sie kommt überhaupt nicht zustande, es ist dann alles vermittelt, und so ist nur noch die Rede da, die von keiner Erfahrung mehr Zeugnis gibt.

Wegen solcher und ähnlicher Möglichkeiten ist es ungeachtet der Unmittelbarkeit der Gegebenheit des Erfahrenen doch keineswegs leicht und selbstverständlich, die wirkliche Erfahrung zu erkennen und sie zu unterscheiden von ihr benachbarten Formen des menschlichen Lebens, die aber keine wirklichen Erfahrungen darstellen. Denn einerseits verschwimmt die Unmittelbarkeit des Erfahrenen leicht und oft und häufig ohne deutliche Grenzen mit dem, was man öffentliche Meinung nennen kann. Und was dann geschieht, nähert sich bisweilen fast unbemerkt dem bloßen Gerede, das zumeist fast erfahrungslos ist.

Und andererseits werden die wirklichen Erfahrungen in ihrer Unmittelbarkeit oft verdeckt und verdrängt und so kaum oder gar nicht mehr bemerkt, obwohl sie vorliegen.

Aus diesen Zusammenhängen ergibt sich auch die Rolle, die die Reflexion im Zusammenhang der Erfahrung zu spielen hat. Die Reflexion im gewöhnlichen Verstand dieses Wortes scheint ja der Unmittelbarkeit der Erfahrung direkt zuwiderzulaufen. Denn durch Reflexion suchen wir ja gerade zu vermitteln, was uns unmittelbar nicht gegeben ist. Im religiösen Zusammenhang sind die Gottesbeweise als reflexive Prozesse entworfen worden. Wir treten hier in ihre Problematik nicht näher ein, doch ist es für uns wichtig, daß, sofern das Göttliche oder Gott durch einen solchen reflexiven Prozeß für das Denken gewonnen wird, dann doch jedenfalls nicht von religiöser Erfahrung im eigentlichen Sinn gesprochen werden kann, wie man auch sonst einen solchen reflexiven Beweisgang beurteilen mag. Sofern also Reflexion dies bedeutet: durch allgemeine Gesetze auf logischem Weg ein begriffliches Resultat zu gewinnen, das sich in sich schließt, wenn also Reflexion eine Art von Begriffskonstruktion bildet, dann haben wir eine reflexive Vermittlung vor uns. Sie kann und soll auf ihren Sinn und ihre Tragweite geprüft werden. Aber wir haben es dann nicht mehr mit Unmittelbarkeit und darum auch nicht mehr mit Erfahrung in dem hier gemeinten Sinn zu tun.

Andererseits aber muß gesagt werden: Reflexion kann auch einen ganz anderen Sinn haben. Nämlich nicht den, durch logische Prozesse ein erst zu findendes Ergebnis festzustellen. Vielmehr umgekehrt: ein schon Vorgegebenes der ursprünglichen Erfahrung in seiner Vorgegebenheit und damit in seiner Unmittelbarkeit allererst freizulegen aus seinen Verdeckungen und Verdrängungen und es zu unterscheiden von einem mehr oder weniger formalen Gebrauch der Sprache, in der es gefaßt wird. Wird das Wort „Reflexion“ in diesem Sinne verstanden, dann ist sie gerade die Freilegung und Ausleuchtung möglicher unmittelbarer Erfahrungen. Wird Reflexion so verstanden, dann ist sie höchst nützlich, ja unerläßlich für das Verständnis der Erfahrungen. Dann ist sie so etwas wie die sorgfältige Analyse des faktischen Lebensgangs, eine Analyse, die der Freilegung von oft in der Tiefe verborgenen primären Elementen dient und damit jener Unmittelbarkeit, die wir Erfahrung nennen. In diesem Sinne ist die Reflexion dann nicht dazu da, fehlende Unmittelbarkeit zu ersetzen, sondern vielmehr dazu, die verstellte und verdrängte oder verwechselte Unmittelbarkeit allererst freizulegen, zu unterscheiden und sehen zu lassen hinter dem Nebel der alltäglichen Verwirrungen.

So hat Edmund Husserl die Reflexion verstanden: als Freilegung des sich selbst (und also unmittelbar) Zeigenden. Und darum konnte von diesem Ansatz auch die Devise ausgesprochen werden: „Zu den Sachen selbst!“ Die „Sachen selbst“: Das ist das, was sich selbst und also unmittelbar gewährt. Und das „zu“ dieser Devise weist darauf hin, daß zu dieser Unmittelbarkeit ein Weg des Denkens zurückzulegen ist, damit sie überhaupt in ihrer Unmittelbarkeit zum deutlichen Vorschein kommen kann.

Die Unmittelbarkeit der Erfahrung ist also mit der Reflexion verbunden, wenn diese als phänomenologische Freilegung verstanden wird. Sie widerstreitet aber der Reflexion, wenn diese als Konstruktion verstanden wird.

4. Das Erfahrene wird freilich nicht dann schon zur wirklichen Erfahrung im vollen Sinn, wenn es als ein bloßes An-Sich oder als ein bloßes Objekt sich zeigt und demgemäß objektiv begriffen wird. Vielmehr erst dann, wenn es die Schranke durchbricht, die seit dem Beginn der Neuzeit Subjekt und Objekt voneinander getrennt hat. Wenn es also den erfahrenden Menschen betrifft und verwandelt, so daß er nach der Erfahrung auf eine andere Weise in dieser Welt lebt und existiert als vorher. Auf diesen betreffenden und verwandelnden Charakter eigentlicher Erfahrung hat mit Recht Gadamer aufmerksam gemacht. Der Mensch, der eine Erfahrung gemacht hat, wird ein anderer, als er vorher war. Und er schaut seine Welt anders an, und er verhält sich anders zu seiner Welt, als es vorher war. Diese Verwandlung der Weise, in der Welt da zu sein, ist also gegenüber dem vorausgehenden Zustand negativ. Es ist nachher nicht mehr so, wie es vorher war. Das Alte ist vergangen. Aber aus dieser Negativität erhebt sich eine neue Positivität: Es ist alles neu und auf vielleicht unerwartete Weise anders.

Nur wenn so etwas geschehen ist, können wir von einem Menschen sagen: Er hat eine Erfahrung gemacht, und er ist nun ein erfahrener Mensch geworden. Man kann darum sagen: Das Erfahrene fährt mit uns, die wir die Erfahrung machen, in eine neue Gegend und in eine neue Gestalt unseres Daseins in dieser Welt.

Der verändernde Charakter der Erfahrung kann sich auf sehr verschiedene Weise vollziehen. Er kann zum Beispiel fast unbemerkt und allmählich über lange Zeit heranwachsen und heranreifen. Das ist eher das Gewöhnliche. Es gibt aber auch Erfahrungen, die einen Menschen in kurzer Zeit, ja in einem einzigen Augenblick ganz verwandeln. Pascal hat in seinem *Memorial* eine solche Erfahrung bezeugt. Und im 7. Buch der *Confessiones* gebraucht Augustinus das Wort: „vidi" – „ich sah".[8] Dieses Wort ist ein großes Zeugnis der Unmittelbarkeit. Und er spricht ebenso seine Verwandlung aus: „Contremui amore et horrore" – „ich erbebte in Liebe und Schrecken".[9] Das sind große Zeugnisse religiöser Erfahrung. Aber sie sind doch eher das Außergewöhnliche und in ihrer Außergewöhnlichkeit allerdings höchst bedeutsam im geschichtlichen Leben der religiösen Erfahrung.

Aber für gewöhnlich wird es nicht so sein, und schon gar nicht in unserer modernen Welt.

Vor allem durch diese hier bezeugte Durchbrechung der Subjekt-Objekt-Schranke und diesen verwandelnden Charakter unterscheidet sich dieser Begriff von Erfahrung, wie man sieht, markant von jenem Erfahrungsbegriff, der den experimentellen und empirischen Wissenschaften zugrunde liegt. In der für sie notwendigen Objektivität und in ihrem dazugehörigen theoretischen Charakter ist das verwandelnde Element gleichgültig. Es kann und wird zwar auch ein Mensch, der empirische Wissenschaften treibt, durch seine Forschung ein anderer werden und so seine Erfahrungen machen. Aber dies spielt für eine Wissenschaft keine Rolle. Die Subjekt-Objekt-Schranke ist hoch aufgerichtet und stellt das Objekt vom Subjekt weg in seine Objektivität. Dies ist für die Wissenschaft durchaus legitim. Aber es bringt als Grenzfall die Möglichkeit – gewiß nicht die Notwendigkeit – mit sich, daß ein Mensch eine große Menge objektiven Wissens in sich versammelt, samt der dazugehörigen objektiven Methodik, die er beherrscht. Aber er könnte doch im Übrigen ein ziemlich unerfahrener Mensch sein und bleiben.

Dies ist eines der Grundprobleme hinsichtlich des menschlichen Bildungswertes der Wissenschaften.

Wir begnügen uns für unsere Zwecke mit der Betonung dieser Momente im Begriff „Erfahrung": der Ganzheitlichkeit, der Unmittelbarkeit und der Verwandlung.[10] Sie sind für alle weiteren Überlegungen über religiöse Erfahrung von grundlegender Wichtigkeit.

II. Vom Ausfall der religiösen Erfahrung in der Moderne

Fragen wir nun, von dem skizzierten Erfahrungsbegriff ausgehend, wo und wie unter den besonderen Bedingungen unserer modernen Welt und Zeit religiöse Erfahrung anzutreffen sei, dann heißt dies fragen, wo und wie unter den geschichtlich gegebenen Umständen unserer Welt Erfahrungen vom Göttlichen und von Gott anzutreffen sind, wo und wie unter heutigen Bedingungen der göttliche Gott sich selber für Menschen unmittelbar so zeigt, daß sie davon betroffen und in ihrem lebendigen Dasein in der Welt verändert werden.

Auf die so sich stellende Frage muß, aufs Ganze gesehen, geantwortet werden: Die vorherrschende Erfahrung in diesem religiösen Zusammenhang ist die Erfahrung, überhaupt keine religiöse Erfahrung zu machen, also von so etwas wie Gott nicht berührt, nicht getroffen und schon gar nicht verwandelt zu werden. Die Welt ist nachdrücklich weltlich geworden und in dieser ihrer Weltlichkeit autonom. In diesem Ausfall der religiösen Dimension in unserem modernen Erfahrungskontext besteht die vielbesprochene Säkularität der Moderne.

Wir wollen nicht bestreiten, daß es von dieser Regel wohl auch gelegentlich Ausnahmen gibt. Aber sie scheinen fürs Ganze unseres Zeitalters nicht charakteristisch zu sein.

Auch bedeutet der Ausfall der religiösen Erfahrung nicht, daß man nicht gleichwohl an Gott glauben könnte. Das Leben des Glaubens wird nicht notwendig aufgehoben durch den Ausfall der religiösen Erfahrung. Der Glaube kann diesen Ausfall überschwingen. Aber der Ausfall wird doch die Sache des Glaubens erschweren.

Vollends wird es durch den angedeuteten Ausfall religiöser Erfahrungen nicht unmöglich, in verschiedenen Zusammenhängen das religiöse Grundwort „Gott“ zu gebrauchen. Freilich hat dieser Gebrauch dann zumeist einen recht vagen Sinn. Und bisweilen mag er sogar sinnlos erscheinen.

Aber jedenfalls kann von einer Selbstgegebenheit Gottes oder des Göttlichen, das uns unmittelbar und ganzheitlich betreffen würde, im Ganzen unseres Zeitalters offenbar nicht gesprochen werden, davon sind wir weit entfernt.

Angesichts dieses negativen Befundes muß aber darauf hingewiesen werden, daß der Ausfall der religiösen Erfahrung offenbar auch eine Erfahrung ist, wenn auch eine negative und darum häufig unbemerkte. Sie ist als negative Erfahrung nur möglich, wenn sie in irgendeiner Weise auf positive religiöse Erfahrung bezogen ist. Offenbar würden wir nicht so viel über die Säkularität unseres Zeitalters und im Zusammenhang damit über den Ausfall der religiösen Erfahrung sprechen, wenn wir diesen Zustand nicht abheben würden von anderen Zuständen des geschichtlichen Daseins der Menschen, von denen wir wissen, und zwar von solchen, die wir vielleicht doch noch nicht ganz hinter uns gelassen haben und die uns also nicht ganz gleichgültig geworden sind. Denn wäre dies der Fall, dann bräuchten wir diese Säkularität, diesen Ausfall der religiösen Erfahrung, diesen „Fehl Gottes“ nicht eigens auszusprechen. Ist vielleicht diese Bezogenheit auf eine von Religion geprägte Geschichte in der Tiefe nicht doch sehr viel mehr als nur eine geschichtliche Reminiszenz? Warum geht uns das denn so nach, so daß wir so sehr betonen müssen, daß wir anders sind?

Lebt nicht vielleicht in der Tiefe unserer Zeit so etwas wie ein Bedürfnis, ein Wunsch, ein heimliches Suchen oder jedenfalls irgendein Interesse an der Sache der Religion, und dies auch dann, wenn wir es eifrig verleugnen? Dafür spricht manches. Und auf diesem Hintergrund dürfte die Feststellung des Ausfalls der religiösen Erfahrung am besten verständlich sein. Und auf diesem Hintergrund kann man dann auch wirklich sagen: Der Ausfall der religiösen Erfahrung ist auch eine Erfahrung.

Daß die religiöse Erfahrung ausfällt, und zwar so, daß dieser Ausfall eigens auffällt und bedacht und ausgesprochen wird und also selber eine Erfahrung ist, dafür kann man unter vielen anderen Zeugnissen auf eine in diesem Zusammenhang interessante Strophe von Bertolt Brecht hinweisen. Und man darf sich bei dieser Gelegenheit daran erinnern, daß die wichtigen Dichter eines Zeitalters überhaupt wichtige Zeugen der Grunderfahrungen des Zeitalters sind, jener Grunderfahrungen, die zwar vielleicht nur von wenigen bemerkt und von noch weniger Zeitgenossen ausgesprochen werden und die es doch gibt. Bertolt Brecht sagt in seinem Gedicht „Gegen Verführung“, dem Schlußgedicht seiner *Hauspostille*, in der abschließenden Strophe:

„Laßt Euch nicht verführen
Zu Fron und Ausgezehr!
Was kann Euch Angst noch rühren:
Ihr sterbt mit allen Tieren,
Und es kommt nichts nachher.“[11]

Das Bemerkenswerte an diesen eindrucksvollen Zeilen ist dieses, daß die Verführung und die Angst ausdrücklich abgewehrt werden und daß abschließend eine ausdrückliche und scharfe Negation ausgesprochen wird: „Und es kommt nichts nachher." Die Strophe ist so ein wichtiges Zeugnis dafür, daß die religiöse Erfahrung ausfällt, und zwar so, daß dieser Ausfall selber eine Erfahrung ist und also etwas, das vom Dichter ausdrücklich bedacht und ausgesprochen werden muß, über das er also nicht einfach hinweggehen kann.

Der Dichter wird gerade zum Sprecher unseres Zeitalters, und ebenso scheint es dem Zeitalter im ganzen zu entsprechen, wenn als abschließendes Wort das Wort „nichts" fällt.

Man darf vermuten, daß das viele gegenwärtige Denken und Reden über religiöse Erfahrung ein Bedürfnis nach solcher Erfahrung bezeugt, einen Wunsch danach, und dies vielleicht gerade deswegen, weil die echte religiöse Erfahrung ausfällt und entbehrt wird. Vielleicht ist so dieses Denken und Reden in geheimer Übereinstimmung mit dem, was Bertolt Brecht in seinem Gedicht gesagt hat.

Dies bestärkt unsere These, daß das Charakteristische unserer modernen Zeit und Welt in der Erfahrung besteht, keine religiöse Erfahrung zu haben. Und vor allem der Dichter bezeugt, daß dies: keine religiöse Erfahrung zu haben, selbst eine Erfahrung ist.

Besonders wichtig in diesem Zusammenhang ist es, daß diese Erfahrung, keine religiöse Erfahrung zu haben, nicht nur im Zusammenhang des Denkens eines im ganzen atheistischen Dichters wie Bertolt Brecht auftaucht, sondern auch innerhalb der Religion und in ausgesprochen religiösem Kontext. Es darf dafür auch ein Zeugnis genannt werden, nämlich von Therese von Lisieux, die in unserer katholischen Kirche als Heilige verehrt wird. An der, wie ich glaube, wichtigsten, weil redlichsten und modernsten Stelle ihres Tagebuchs aus dem Jahr 1897 spricht sie davon, daß, wenn sie an Gott denke, Finsternis sie umgebe, die das Herz ermüde. Und daß, wenn man von dem Schleier des Glaubens spreche, ihr dieser Schleier vorkomme wie eine Mauer, die sich bis zum Himmel erhebe und das Firmament verberge.[12] Die hier ausgesprochene Erfahrung der Finsternis und der ungeheuren, alles verschließenden Mauer ist die Erfahrung des Umstandes, daß jeder Erfahrungskontakt verweigert wird. Die Erfahrung also des Ausfalls der Erfahrung, die Erfahrung des „Nichts". Und diese Heilige steht damit gleichfalls im geheimen Kontakt mit dem späteren atheistischen Dichter Bertolt Brecht.

Es ist für Therese von Lisieux darüber hinaus charakteristisch, daß diese Verweigerung der Erfahrung, diese Erfahrung, nichts Heiliges zu erfahren, ausdrücklich übernommen wird aus Solidarität mit ihren Mitmenschen und Zeitgenossen. Es ist also für sie keineswegs bloß eine private Erfahrung. Sie erklärt sich ausdrücklich bereit, von diesem von Bitterkeit erfüllten Tisch zu essen, von dem die armen Sünder essen.[13] Dies darf so verstanden werden, daß sie den Zustand ihrer Zeit und Welt übernimmt und sich in der Welt und die Welt in sich findet in einer gemeinsamen Not.

So kommen also heilige und unheilige Zeugen darin überein, daß das Charakteristische der religiösen Erfahrung unseres Jahrhunderts darin besteht, keine religiöse Erfahrung zu haben.

III. Über den geschichtlichen Ursprung des Ausfalls der religiösen Erfahrung in der Moderne

Kann man etwas darüber sagen, woher dieser für unsere Zeit und Welt so charakteristische Ausfall der religiösen Erfahrung kommt? Vielleicht wird niemand dieses Geschick unserer Zeit ganz ergründen. Man muß vielleicht überhaupt sagen, daß für geschichtliche Zustände eine vollständige kausale Begründung nicht zu geben ist.

Dies heißt aber nicht, daß sich nicht doch einiges darüber sagen läßt, was vermutlich die Voraussetzungen sind für einen solchen Zustand. Und in der Tat sind von einigen Denkern unserer Zeit, wie mir scheint, immerhin wichtige Gedanken zu diesen Voraussetzungen und Ursprüngen geäußert worden.

Der Ausfall der religiösen Erfahrung und die Erfahrung, keine religiöse Erfahrung zu haben, hängen offenbar mit dem zusammen, was man die Aufklärung und insbesondere die zweite Aufklärung genannt hat. Mit dem Aufkommen jener Form moderner autonomer Vernunft, die vor allem in den Gestalten von Wissenschaft und Technik die Weltherrschaft seit langem angetreten hat.

Dabei ist es offenbar nicht so, daß Wissenschaft und Technik von sich aus die religiöse Erfahrung verdeckten oder verhinderten. Die genannten bestimmenden Mächte unserer Zeit und Welt verhalten sich in dieser Sache eher ganz neutral und jedenfalls nicht grundsätzlich feindlich.

Es spricht aber vieles dafür, daß sich im Wirken der modernen autonomen Vernünftigkeit in den Gestalten von Wissenschaft und Technik etwas Tiefes und Verborgenes äußert und darin sein Wesen treibt, etwas, was seinerseits nicht von der Art von Wissenschaft und Technik ist. An das hat wohl Heidegger gedacht, als er den anstößigen Ausdruck vom „Gestell“ gebraucht hat, nämlich als die Zusammenfassung oder die Sammlung dessen, was in Wissenschaft und Technik in ihrem Grund als ihre geheime Voraussetzung waltet: das vorstellende, sicherstellende und herstellende Wesen im Denken und im Existieren der Sterblichen.[14]

Aber auch Jürgen Habermas hat in anderer Weise und doch analog dazu von „Wissenschaft und Technik als Ideologie“ gesprochen.[15] Seine immer noch wichtige Studie über dieses Thema ist 1968 erschienen. Habermas vermochte zu zeigen, daß Technik und Wissenschaft zwar nicht Ideologie sein müssen, daß sie es aber leicht sein können und daß sie in unserem Zeitalter tatsächlich zur Ideologie geworden sind. Er bestreitet dabei nicht die ungeheure Nützlichkeit, ja Notwendigkeit von Technik und Wissenschaft in unserer Welt und für das ganze moderne Leben. Wohl aber sucht er die ideologische Funktion freizulegen, in die die Weltmächte von Technik und Wissenschaft heutzutage weithin geraten sind.

Habermas hat in diesem Zusammenhang gezeigt, daß die moderne Wissenschaft zuerst in zweckrationalen Subsystemen unserer Gesellschaft lebendig war, nämlich in den begrenzten Kreisen der Gelehrten, daß aber die Denk- und namentlich die Handlungsweisen, die zur modernen Wissenschaft gehören und von ihr bestimmt sind, im Laufe des 19. Jahrhunderts zusammenwuchsen mit den modernen Systemen der industriellen Fertigung und daß von da an die nach Max Weber so genannte „Zweckrationalität“ eine Einheit bildete, sofern man sie im Zusammenhang und im Ganzen des modernen geschichtlich-gesellschaftlichen Prozesses betrachtet. Aber auch diese Zweckrationalität der angewandten Wissenschaft war nach Habermas zunächst nur in relativ begrenzten Gruppen der Gesellschaft wirksam. Sie hat aber bald und in einem schnell fortschreitenden Prozeß die Herrschaftsformen und die Regierungsapparate samt ihrer Legitimation absorbiert. So werden auch diese immer mehr zweckrationale Großverwaltungen. Diese immer mächtiger durchgreifende Zweckrationalität hat schließlich auch nach der gesellschaftlichen Basis hin, nämlich in die Lebenswelt von Familie, Freiheit und Konsumverhalten, eingegriffen und sie immer mehr absorbiert. Denn alles dies, und insbesondere das Konsumverhalten, wird immer mehr gesteuert durch zweckrationale Strukturen.

So ist nach Habermas im Zuge eines anscheinend notwendigen geschichtlichen Prozesses aus Wissenschaft und Technik und dem dazugehörigen zweckrationalen Verhalten unversehens eine Ideologie geworden. Das Ideologische dieses ganzen Systems liegt – so glaube ich Habermas deuten zu dürfen – in der in ihm wirksamen Vorstellung, es lasse sich alles auf diese Weise beherrschen und vernünftig regeln. Und es liegt im Zusammenhang damit in dem in diesem System wirksamen Herrschaftsinteresse. Durch dieses wird die Idee der totalen Zuständigkeit von Wissenschaft und Technik zur alles beherrschenden Macht, und es wird alles, das heißt die ganze Welt, im Prinzip und vom Ansatz her als regulierbar und beherrschbar betrachtet. Es entsteht in der Weise des Gebrauchs von Wissenschaft und Technik ein umfassendes Herrschaftssystem. Dies aber ist der ideologische Schein, der den Gebrauch von Wissenschaft und Technik in unserer Gesellschaft umgibt.

Denn wenn man auch vieles rational beweisen, regeln und sicherstellen kann, so kann man doch nicht beweisen und sicherstellen, daß man alles beweisen und sicherstellen kann. Und wenn man vieles zweckrational ordnen und beherrschen kann, so ist damit noch lange nicht gesagt, daß man alles auf diese Weise ordnen und beherrschen kann. Und erst recht ist damit nicht gesagt, daß man alles auf diese Weise beherrschen soll.

Es scheint, daß eine aus kaum ergründbaren Tiefen aufstehende geschichtliche Mächtigkeit die Menschen dazu trieb und weiter dazu treibt, alles und das Ganze autonom beherrschen zu wollen. Und diese tiefe Mächtigkeit hat sich der großen modernen Möglichkeiten der Wissenschaft und Technik bemächtigt und drückt sich immer stärker in ihnen aus.

Und so entstand, zwar nicht aus dem Wesen von Wissenschaft und Technik und zweckrationalen Verhaltensmustern, wohl aber aus der Weise ihres öffentlichen Gebrauchs, der Schein der totalen und absoluten Kompetenz. Man ist geneigt zu sagen: der Schein gottgleicher Allmächtigkeit. Davon hat Horst Eberhard Richter in seinem Buch *Der Gotteskomplex. Die Geburt und die Krise des Glaubens an die Allmacht des Menschen* gesprochen. Er hat unter psychoanalytischen Gesichtspunkten die geschichtliche Entstehung dieses Komplexes zu analysieren versucht.[16]

Dieser Schein oder dieser Komplex hat dann wiederum die Folge, daß es weiter scheint, daß es nichts anderes gebe und geben könne als das, was grundsätzlich wissenschaftlich und technisch und rational zu regeln und zu bewältigen ist. Dieser negative Schein deckt dann in seiner Negativität alle vielleicht möglichen anderen Erfahrungshorizonte zu und wird mächtig im Ganzen der Gesellschaft. Und von daher kann es dann deutlich werden, daß und von woher für religiöse Erfahrung kein Raum mehr bleibt und daß sie, jedenfalls als eine die Zeit bestimmende Macht, ausfallen muß. Es ist, wie man nun sehen wird, nicht die Wissenschaft und Technik in ihrem wahren Wesen, was diese Folge hat. Es ist vielmehr der ideologische Schein, der sich im Gebrauch dieser Mächte ausdrückt, und der Komplex, der sich mit ihnen verbindet und der sich ihrer bedient. Dieser Schein bringt die religiöse Erfahrung zum Verschwinden.

Schon vor Jürgen Habermas hat Max Horkheimer in seinem 1947 in den Vereinigten Staaten und dann 1967 in Deutschland erschienenen Buch *Zur Kritik der instrumentellen Vernunft*[17] auf Ähnliches aufmerksam gemacht. Er hat den instrumentellen Charakter dieser ganzen modernen Rationalität aufgedeckt. Sie vermag Instrumente zu liefern für anscheinend alles. Diese Instrumente werden immer höher perfektioniert. Und so entsteht wiederum der Schein, es lasse sich alles auf diese Weise regeln. Dies ist aber ein bloßer Schein, denn das hoch entwickelte rationale Instrumentarium ist neutral gegen seinen Gebrauch. Es bestimmt keine sinngebenden Ziele, denn es ist rein instrumentell. Es unterscheidet also nicht zwischen Gut und Böse, zwischen Krieg und Frieden, zwischen Sinnvollem und Sinnlosem. Man kann ja alles, das Böse wie das Gute, hochrationalisieren und perfektionieren und dafür Instrumente herstellen. Also tritt ein Mangel an zielgebenden und zielverleihenden Ideen auf. Und gleichzeitig tritt in einer solchen Welt leicht die Verwechslung des instrumentellen Gebrauchs mit einem sinnvollen Gebrauch ein, und es scheint dann alles sinnvoll, was man technisch machen kann, und dies nur deswegen, weil man es machen kann. Aber dies ist wiederum der ideologische Schein, der die Wissenschaft und Technik begleitet, der Schein der universalen herrschaftlichen Kompetenz, den wir vorhin schon aus den Gedanken von Habermas erhoben haben.

Hier geht es, wie man sieht, gewiß nicht darum, zu fordern, es solle keine instrumentelle Vernunft geben und keine vernünftig und rational perfektionierten Instrumente. Aber es geht darum, den Schein zu vertreiben, daß die Vernunft als instrumentelle für sich allein schon fürs Ganze des menschlichen Daseins genüge.

Wird dieser Schein aber gleichwohl herrschend, dann ist es klar, daß so etwas wie religiöse Erfahrung ausfallen muß. Denn wenn es nur diese Instrumente gibt und diese instrumentelle Vernunft und diese Zweckrationalität, dann muß konsequent alles andere, was nicht in diese Ordnung paßt, wie Nichts erscheinen. Es entsteht also konsequent das, was Bertolt Brecht ausgesagt hat, nämlich die Erfahrung des Nichts.

Dies sind, wie mir scheint, die wichtigsten Gedanken, die uns wenigstens einigen Einblick gewähren in die Gründe und Anlässe zeitgeschichtlicher Art, von denen her der Ausfall der religiösen Erfahrung erklärbar wird. Er wird so zwar nicht vollständig und nach allen Seiten klar, wohl aber fällt wenigstens einiges Licht darauf, und dies scheint uns höchst bedeutsam.

IV. Die Erfahrung der Grenze der Moderne

Nun hat freilich die neuere Entwicklung dazu geführt, daß der Schein der totalen Kompetenz von Wissenschaft und Technik an vielen Stellen infrage gestellt wurde. Und damit der Sinn der großen modernen Welt überhaupt. Es breiten sich Ängste aus, zum Beispiel vor den möglichen Folgen auch der friedlichen Nutzung der Atomenergie. Ängste auch vor den möglichen und drohenden Folgen der Ausbeutung der Energievorräte unserer Erde und vor der wachsenden und, wie es scheint, kaum noch zu bremsenden Verwüstung dieser Erde. Und solche Ängste sind vielleicht noch tiefer. Manche Signale weisen darauf hin. Warum versuchen viele Jugendliche, und oft solche aus den besseren Kreisen, immer wieder aus dieser ganzen Art von Zivilisation auszubrechen, sei es in die Welt, die die Drogen zu eröffnen verheißen, sei es durch den totalen Übergang in eine sogenannte Jugendreligion oder ähnliches? Und was bedeutet das starke Ansteigen der Selbstmordziffern gerade unter den Jugendlichen und gerade in unseren hochentwickelten Ländern? Was bedeutet die wachsende Verweigerung des Willens zur Nachkommenschaft in diesen Ländern? Sind das nicht alles Indizien einer tiefliegenden Krise? Sind es nicht Indizien dafür, daß sich Mißtrauen und Angst ausbreiten aus tiefen Gründen und gerade dort, wo scheinbar alles vorzüglich organisiert ist und wo es dank einer großzügigen Organisation des Marktes an nichts fehlt?

Nehmen wir diese Indizien ernst, dann müssen wir fragen: Was liegt ihnen eigentlich zugrunde? Woran fehlt es eigentlich in dieser unserer Welt? Dies sind sehr ernste und unausweichlich gewordene Fragen. Auf sie darf wohl so geantwortet werden: Es fehlt zwar nicht an der Perfektion und an der weiteren Perfektibilität unserer zweckrationalen Verhaltensmuster in Wissenschaft, Technik und Verwaltung. Diese Bereiche müssen in der Tat rational ausgestaltet werden, sonst können wir in unserer Welt nicht mehr leben.

Aber wir müssen uns heute fragen: Was ist in diesem ganzen Bereich gut und sinnvoll und was ist es nicht? Die Frage nach dem guten und möglicherweise auch nicht guten, also bösen Gebrauch der Technik und der rationalen Möglichkeiten muß mit allem Ernst gestellt werden. Sie ist selber nicht mehr durch die planmäßige „instrumentelle Vernunft“ zu lösen. Es müssen für ihre Lösung ganz andere Wege gefunden werden. Und wir stehen noch sehr am Anfang der planmäßigen Findung der Wege, solche Fragen zu lösen, obwohl alle Welt durch sie beunruhigt ist. Es ist offenbar, daß die Beantwortung solcher Fragen wahrscheinlich zu einer Begrenzung des technisch-rationalen Fortschritts führen wird, zu einer begründeten und, wenn es gut geht, auch öffentlichen Überzeugung davon, daß man nicht alles machen darf, was man machen kann. Man muß aber dann Wege finden, anzugeben, was man machen darf und warum und was nicht, und auch dafür das Warum angeben. Und hinter solchen ethisch fundierten Begründungen einer Begrenzung des Fortschritts müßte ein positiver Entwurf dessen stehen, was wir eigentlich wollen und erstreben mit den großen und oft auch großartigen Veranstaltungen, die wir auf dieser Erde entfesselt haben. Und auch hinsichtlich dieses zu wünschenden positiven Entwurfs wird man sagen müssen: Wir sind noch weit davon entfernt, auch nur einigermaßen einen solchen Entwurf begründet und überzeugend definieren zu können.

Dahinter aber stecken noch größere Fragen. Man kann sie schlicht so formulieren: Wozu ist es überhaupt gut oder was für einen Sinn hat es überhaupt, daß wir da sind und alle möglichen Dinge betreiben auf dieser Welt? Von der Beantwortung solcher Fragen dürfte auch die Lösung der vorhin genannten Fragen abhängen. Nicht umsonst wird die Sinnfrage als umfassende und grundlegende Frage heute so viel diskutiert. Sie muß aber als Frage offenbleiben, solange der ideologische Schein besteht, es lasse sich alles mit Wissenschaft und Technik und zweckrationalen Methoden klären und lösen. Denn die Frage nach dem Sinn des Ganzen fragt ja gerade nach dem Ganzen. Diese Frage überschreitet also in ihrer Richtung und von ihrem Ansatz her die ganze Welt von Wissenschaft und Technik und allem, was dazugehört. Sie läßt sich also von dieser Basis aus nicht lösen. Aber andererseits läßt sie sich offenbar auch nicht aus den Herzen der Menschen auf die Dauer und ganz austreiben. Und so erhebt sie sich immer wieder, auch wenn sie eine Zeitlang zum Schweigen gebracht werden konnte. Und sie erhebt sich gerade dort, wo alles so gut zu funktionieren scheint wie in unserer gut funktionierenden Welt. Innerhalb dieser Welt ist sie aber offenbar überhaupt nicht mehr beantwortbar und also in einen Bereich zu weisen, der wie Nichts aussieht.

Die zweckrationale wissenschaftlich-technische Zivilisation mit dem ihr oft immanenten Totalitätsanspruch ist aus diesem Grund in die Nähe einer unheimlichen und bedrohlichen Grenze gekommen. Denn so unentbehrlich diese zweckrationale wissenschaftlich-technische Zivilisation in ihrem inneren Kontext und so unbestritten sie im Raum ihrer wirklichen Kompetenz auch ist, so produziert sie doch an ihrer Grenze die angedeutete totale Desorientierung hinsichtlich des Sinnes des Daseins im ganzen. Und damit die Angst, die Skepsis, den drohenden Schein, man könne sich letzten Endes an gar nichts halten.

Es stellen sich also in unserer Welt, in der – und dies gewiß nicht zufällig – die religiösen Erfahrungen ausfallen, an deren Stelle Fragen ein, die den Sinn des ganzen Daseins betreffen und die insofern auch Erfahrungen sind, aber sie scheinen ohne Antwort zu bleiben.

Dies ist umso verständlicher, als die moderne Wissenschaftstheorie, also die Theorie der rationalen Prozesse unserer Welt, deutlich machen konnte, daß die Wissenschaft und mit ihr alle rationalen Verfahren zwar in sich gut und erfolgreich funktionieren, daß sie aber keine feste und klare Grundlage haben, die ihrerseits noch rational aufzuklären wäre. Darum hat Karl Popper, einer der wichtigsten modernen Wissenschaftstheoretiker, gesagt, die Wissenschaft sei „ein Pfeilerbau, dessen Pfeiler sich von oben her in den Sumpf senken – aber nicht bis zu einem natürlichen, ‚gegebenen' Grund".[18] Und er hat ausdrücklich darauf hingewiesen, daß der „Kritische Rationalismus" als die Theorie der rationalen Prozesse auf einer selbst irrationalen Entscheidung beruhe, und er hat im Blick darauf von einer gewissen Priorität des Irrationalismus gesprochen.[19]

Mit dieser Entdeckung der Irrationalität und damit der Fragwürdigkeit der Grundlagen der rationalen Wissenschaft und alles dessen, was aus ihr folgt, hat Popper etwas neu entdeckt, was dreihundert Jahre früher schon Blaise Pascal in der frühen Neuzeit gesehen und klassisch ausgesprochen hat. Pascal hat selber entscheidende Grundlagen der modernen Wissenschaftlichkeit samt ihrer technischen Nutzung entdeckt und entworfen und steht so außerhalb des Verdachts einer blinden Feindschaft gegen rationalen Fortschritt. Aber er hat gleichzeitig nicht nur gesehen, daß alle Wissenschaften endlos sind und also niemals an ihr Ziel kommen, sondern auch und damit, daß sie in sich auch keine letzte Grundlage und kein Fundament haben. Und eine solche Grundlage nicht nur nicht finden, sondern auch nicht dulden können: „Ils ne souffrent jamais de dernier." – „Sie dulden niemals ein Letztes." Und dies im paradoxen Widerspruch zu der Tatsache, daß wir immer und gerade auch im Leben und im Betrieb aller zweckrationalen Verfahren nicht nur einen letzten Sinn suchen – offen oder häufiger heimlich –, sondern auch eine erste und feste Grundlage. Darum hat Pascal auch den Satz geschrieben, der – wie mir scheint – die ganze moderne Situation mit einem scharfen Licht beleuchtet: „Wir brennen vor Begier, eine feste Grundlage zu finden und eine letzte beständige Basis, um auf ihr einen Turm zu bauen, der sich bis ins Unendliche erhebt. Aber unser ganzes Fundament bricht ein, und die Erde öffnet sich bis in die Abgründe."[20] In der Tat haben wir diesen Turm inzwischen gebaut, und wir bauen ihn noch weiter mit unserer hochentwickelten Technologie und mit den modernen, gleichfalls hochentwickelten Verwaltungsapparaten. Aber eine letzte Grundlage findet sich innerhalb des gewaltigen Bauwerks ebensowenig wie ein letzter Sinn.

Hier hat also ein scharfer und weitsichtiger Denker am Beginn einer großen und auch großartigen und freilich auch fragwürdigen Entwicklung deren Wesen so weit durchschaut, daß er schon im voraus jene Grenze genau angeben konnte, die wir heute aufs nachdrücklichste an allen Ecken und Enden unseres Daseins erleben und erfahren und die Karl Popper auch theoretisch ausgesprochen hat.

Unsere Lage kann also so zum Ausdruck gebracht werden: Wir leben in einer Welt, die hell ausgeleuchtet ist, und wir haben Möglichkeiten und Methoden der Lebensbewältigung klar im Licht der Vernunft liegen. Und wir erweitern diese vernünftige Welt immer mehr – anscheinend ohne Grenzen. Und doch finden wir uns gleichzeitig wie in einem hell erleuchteten, aber begrenzten Zimmer, das unten und oben und auf allen Seiten vom tiefsten Dunkel umgeben ist. Und wir beginnen nun, dies zu merken. Und darum fangen wir an, letzte Fragen zu stellen nach dem letzten Sinn und nach der ersten Grundlage unseres Daseins. Aber wir finden keine Antwort darauf, und es umgibt uns nur Nacht. Dies ist die Situation und dies die Grunderfahrung, die sich nach dem Ausfall der religiösen Erfahrung eingestellt hat.

V. Die Erfahrung des Nichts und der moderne Nihilismus

In der angedeuteten Situation entsteht nun seit langem eine Erfahrung des Nichts. Es entsteht ein Nihilismus nicht so sehr als Theorie, sondern primär als Ausdruck einer lebendigen Begegnung mit dem, was man Nichts nennen kann. Diese Erfahrung, die dem Nihilismus zugrunde liegt, ist freilich meist verborgen und verdeckt. Denn diese hinter der Verdeckung lauernde Erfahrung ist unheimlich. Und so fliehen die Menschen gerade dann, wenn sie im Grunde diese Erfahrung machen, doch vor ihr in die Positivität des alltäglichen Umtriebs. Und so bleibt die wesentliche Erfahrung verborgen.

In dieser Lage sind es dann oft die Dichter und die prophetischen Denker, die das Verborgene, das in einem Zeitalter sein Wesen treibt, ins Wort bringen. Sie werden dadurch zu Zeugen einer zeitgenössischen Grunderfahrung, die, weil im verborgenen Grunde verbleibend, zwar gemacht wird, aber zumeist zugedeckt und verhüllt bleibt.

Auch in diesem Zusammenhang müssen wir zuerst wieder an Pascal erinnern. Er hat auch in dieser Hinsicht unsere Zeit und Welt und ihre entscheidenden Erfahrungen auf eine seltsame Weise vorweggenommen. Wenn wir bei ihm lesen, er erzittere vor den beiden Abgründen des Unendlichen und des Nichts,[21] spricht er zwar in einem mathematischen Modell. Aber das Modell weist auf Abgründe hin, wie er sagt, vor denen sein Herz erzittert. Also auf Erfahrungen. Und zwar auf solche, die im tiefsten Grund und an der höchsten Spitze jener ganzen Zivilisation gemacht werden müssen, die er mit aufgebaut hat.

Das „Unendliche" dieses Pascalschen Satzes muß als die Verneinung oder das Nichts des Endlichen verstanden werden. Und in dieser Welt kann nur das Endliche begriffen werden, nämlich gerade in seinem Ende, in seinem Umriß, in seiner Definition. Und in dieser Perspektive ist das Unendliche überhaupt nichts und darum für die Erfahrung nicht verschieden von dem anderen Nichts, das in dem Pascalschen Satz in Betracht gezogen wird. Nichts also in jeder Richtung, Abgründe, vor denen das Herz erzittert.

Ferner müssen wir besonders auf Friedrich Nietzsche als großen Zeugen der Erfahrung des Nichts hinweisen. Gerade er darf, an der Schwelle unseres Jahrhunderts stehend, als der wichtigste prophetische Denker dieser unserer Zeit und Welt verstanden werden.

Nietzsche hat seinen tollen Menschen in der *Fröhlichen Wissenschaft* jenes ungeheure Ereignis verkünden lassen, das noch nicht zu den Ohren der Menschen gedrungen ist und das doch schon geschehen ist und getan wurde. Ein Ereignis also, das in der verborgenen Tiefe geschah und erst später ins Offene treten sollte. Ein Ereignis, das in diesem Sinne zugleich ganz nah und zugleich noch ferne ist. Es ist das Ereignis des Todes Gottes.[22] Und in der Tat ist ja dann in der Mitte und in der zweiten Hälfte dieses Jahrhunderts der Tod Gottes offen verkündet worden, und zwar im Namen der modernen Zivilisation und des modernen kritischen Rationalismus.

Dieser prophetische tolle Mensch Nietzsches verkündet dann in der Folge dieses Ereignisses konsequent die Erfahrung des Nichts und die unvermeidliche Heraufkunft des Nihilismus. Der tolle Mensch sagt ausdrücklich: „Irren wir nicht wie durch ein unendliches Nichts?"[23] Und dies ist im Textzusammenhang die unmittelbare Folge des Todes oder der Tötung Gottes.

Nietzsche ist sich auch darüber klar, daß diese Erfahrung die Grunderfahrung des ganzen Zeitalters ist, mögen die Menschen auf sie aufmerksam sein oder nicht. In dem Nachlaß aus den achtziger Jahren sagte Nietzsche ausdrücklich, er erzähle die Geschichte der nächsten zweihundert Jahre, nämlich die Geschichte der „Heraufkunft des Nihilismus". Und er sagt dabei, die ganze europäische Kultur bewege sich seit langem und mit anwachsender Spannung darauf zu.[24] Auch damit ist deutlich genug auf die Grunderfahrung unseres ganzen Zeitalters hingewiesen.

Nietzsche verkündet allerdings angesichts dieses Nihilismus, dieser Nichts-Erfahrung, den Übermenschen und den zu ihm gehörigen Willen zur Macht. Damit kann und soll nach ihm das Nichts ausgehalten, ja überwunden werden. In der Tat scheint ja dieses Nichts unerträglich zu sein. Und es hat sich, vermutlich aus der Erfahrung dieser Unerträglichkeit, in der Tat auch dieser Grundzug unseres Zeitalters entwickelt, nämlich etwas Übermenschliches und Übermächtiges zu machen. Der Mensch steigerte sich wirklich in immer übermenschlichere Möglichkeiten und Mächtigkeiten. Und so entstand wirklich der Schein, daß das Nichts selber verschwunden sei und man sich um es also nicht mehr zu kümmern brauche.

Aber inzwischen hat sich noch mehr gezeigt, eine Grenze nämlich, an die zu denken Nietzsche noch nicht gegeben war. Der übermenschliche Wille zur Macht hat die Menschen in die großen und schrecklichen Gestalten der neuzeitlichen Totalitarismen getrieben. Er hat sich aber damit selber entlarvt als die große Katastrophe alles Menschlichen. Und die großen

Grenzerfahrungen der rational-technischen Organisation unserer Welt haben uns inzwischen darüber belehrt, daß man mit dieser übermenschlichen Bemühung zwar vieles machen kann, aber gerade das für die Menschen Entscheidende nicht.

So muß für uns nach den Erfahrungen dieses Jahrhunderts Nietzsches Idee vom Übermenschen und vom Willen zur Macht wieder verblassen und zur Seite treten. Und es bleibt als seine dauernde prophetische Wahrheit die Erfahrung des unendlichen Nichts. Sie tritt wieder hervor, aus allen Verdrängungen und vermeintlichen Überwindungen.

Noch einmal später hat Martin Heidegger die Erfahrung des Nichts auf seine Weise sehr genau beschrieben in seinem berühmten Buch *Sein und Zeit*, das 1927 zum ersten Mal erschienen ist. Auch Heidegger darf als ein prophetischer Denker betrachtet werden, und seine Analysen und Überlegungen sind darum immer noch wichtig, auch wenn das Modische im Denken seither darüber hinweggegangen ist.

Die Beschreibung der Erfahrung des Nichts bildet das eigentliche Kernstück in dem Buch *Sein und Zeit*. Wir gehen in unserem Zusammenhang nicht auf die Rolle ein, die diese hier beschriebene Erfahrung im weiteren Fortgang des Heideggerschen Denkens spielt.[25] Für uns ist besonders wichtig das Echo, das dieser Gedanke des Nichts seit den späten zwanziger Jahren und weiterhin in ganz Europa, ja in der ganzen Welt fand. Wir wissen zwar heute, daß dieses Echo teilweise aufgrund von Mißverständnissen zustande kam. Aber gleichwohl wurde sichtbar, daß durch diese Stichworte von der Angst und vom Nichts etwas ausgesprochen war, das einen lebendigen Nerv dessen berührte, was in dieser ganzen Zeit und Welt lebte. Und darum erkannte sich das Zeitalter gerade darin wieder.

In diesem Zusammenhang darf es uns noch einmal auffallen, daß in der eingangs zitierten Strophe von Bertolt Brecht am Ende gleichfalls das Wort „nichts“ erscheint.

Zitieren wir aber noch zwei wichtige Zeugnisse von bedeutenden Dichtern unseres Jahrhunderts. Der eine ist T. S. Eliot und der andere Paul Celan.

T. S. Eliot hat auf eine besonders bewegende Weise in den *Four Quartets* diese Erfahrung beschrieben. Die *Four Quartets* sind 1959 erschienen.[26] Ich zitiere die entscheidende Stelle:

> „O dark dark dark. They all go into the dark,
> The vacant interstellar spaces, the vacant into the vacant,
> The captains, merchant bankers, eminent men of letters.
> The generous patrons of art, the statesmen and the rulers,
> Distinguished civil servants, chairmen of many committees,
> Industrial lords and petty contractors, all go into the dark,
> And dark the Sun and Moon, and the Almanach de Gotha
> And the Stock Exchange Gazette, the Directory of Directors,
> And Gold the Sense and lost the motive of action.
> And we all go with them, into the silent funeral,
> Nobody's funeral, for there is no one to bury.“

> „O Dunkel Dunkel Dunkel. Sie alle gehen ein ins Dunkel.
> Die leeren Räume zwischen den Gestirnen, die Leere in der Leere.
> Kapitäne und Kaufherrn, berühmte Literaten.
> Großzügige Kunstmäzene, Staatsmänner und Herrscher.
> Verdiente Beamte, Vorsitzende vieler Ausschüsse.
> Industriebarone und kleine Unternehmer, alle gehn ein ins Dunkel.

Dunkel sind Sonne und Mond und der Almanach
de Gotha.
Die Börsenzeitung und das Verzeichnis der Aufsichtsräte.
Und kalt der Sinn, verloren der Antrieb zum Handeln.
Wir alle begleiten sie ins stille Begräbnis.
Niemandes Begräbnis, denn es ist niemand zum Begraben
da."[27]

Dies ist eine eindrucksvolle Erfahrung des Nichts, des Dunkels. Und sie ist umso eindrucksvoller, als hier deutlich wird, daß dieses Nichts weniger ist als ein gleichgültiger Befund. Es wird ja beschworen als eine Erfahrung, die alles und alle in Anspruch nimmt.

Blicken wir in diesem Zusammenhang schließlich noch auf den großen jüdischen Dichter Paul Celan. Durch seine Seele sind die großen und schrecklichen Erschütterungen unseres Zeitalters, die ja am meisten das jüdische Volk trafen, auf eine höchst bedeutsame Weise hindurchgegangen und haben, wenn ich es recht sehe, seine Seele und ihr wunderbares Sprachvermögen schließlich zerbrochen. Darum darf das Wort, das er uns hinterließ, unsere besondere Aufmerksamkeit beanspruchen.

Im Jahr 1964 erschien ein Gedichtband von ihm mit dem Titel *Die Niemandsrose*. Ich zitiere daraus das Gedicht, das mit dem Wort „Mandorla" überschrieben ist. Da lesen wir:

„In der Mandel – was steht in der Mandel?
Das Nichts.
Es steht das Nichts in der Mandel.
Es steht und es steht."[28]

Was sagen diese rätselhaften Worte? Die Mandorla oder die Mandel ist offenbar der mythisch-bildliche Ort der Erscheinung Gottes. Der Dichter blickt auf diesen Ort. Und er sieht dort stehen und stehen das Nichts. Und sowohl dieses Nichts als auch das Stehen werden mehrere Male wiederholt. Es bleibt und beharrt, und es spricht sich immer wieder zu. Wo einst Gott war, steht und steht in dieser Zeit das Nichts. Dies scheinen diese Worte sagen zu wollen.

Diese Stimmen prophetischer Denker und Dichter, die für unser Zeitalter wichtig, ja maßgeblich sein dürften, genügen wohl, um uns davon zu überzeugen, daß die Erfahrung des Nichts die eigentlich charakteristische Grunderfahrung unseres Zeitalters ist, und dies auch dann, wenn sie, wie es alltäglich geschieht, verdrängt wird. Dort also, wo die Erfahrung Gottes und damit die religiöse Erfahrung überhaupt ausfielen, ist die Erfahrung des Nichts an deren Stelle getreten. Und diese Erfahrung ist die eigentliche Grundlage aller Formen des modernen Nihilismus.

Und es darf daran erinnert werden, daß dies, das Nichts zu erfahren, etwas ganz anderes ist als überhaupt nicht zu erfahren. Wer das Nichts erfährt, der macht wirklich eine Erfahrung, ihm begegnet etwas, was ihn betrifft, erschüttert und verwandelt. Ebendeswegen suchen ja die Menschen, dieser Erfahrung auszuweichen.

VI. Die Zweideutigkeit des Nichts

Wir haben allen Grund, auf das erfahrene (oder doch jedenfalls erfahrbare) Nichts acht zu geben und uns zu fragen: Was ist es mit ihm? Wenn es wirklich, wie Eliot sagt, auf alles und auf alle wartet und alle und alles schließlich verzehrt, dann gibt es eigentlich nichts Wichtigeres zu tun als gerade darauf zu achten und zuzusehen, ob wir aus dieser Richtung irgendeine Weisung bekommen können. Wir wollen also versuchen, entgegen dem vordergründigen Trend, der uns davon abhalten möchte, auf dieses erfahrbare Nichts noch näher einzugehen.

1. Halten wir diesem Nichts stand, dann werden wir bald bemerken, daß es einen Zug von Unendlichkeit an sich hat. Es ist so etwas wie ein unendlicher Abgrund. Man findet in ihm keine Grenze: weder räumlicher noch zeitlicher noch irgendeiner anderen Art. Man findet keinen Boden und kein Ende. Es ist die abgründige Tiefe, in die man fallen kann und zuletzt fallen muß, ohne jemals an ein Ende zu kommen. Es hört niemals auf. Es verweigert jede Grenze, jede Begrenzung und jede Bestimmung. So erweist sich seine Negativität als in jedem Sinne endlos und also un-endlich. Es ist auch etwas Unbedingtes an ihm. Man kann ihm keine Bedingungen stellen. Es kommt auf uns zu, gefragt oder ungefragt und ohne jede Rücksicht auf unsere Stellung oder auf unsere Bedeutung im Getriebe dieser Welt oder auf was immer. Es ist, als ob alle endliche Bedeutsamkeit vor ihm keine Rolle spielen könnte. Es ist schlechterdings nicht zu vermeiden, und es läßt nicht mit sich handeln. Und darin kann man etwas von seiner Unbedingtheit zu spüren bekommen.

Wo wir dieses Nichts also im Ernst anzublicken wagen, da können wir etwas spüren und erfahren von Unendlichkeit und Unbedingtheit. Und es darf uns dabei auffallen, daß das so Erfahrene nur mit negativen Worten zum Ausdruck zu bringen ist. Aber diese sprachliche Negativität ist keine ganz nichtige Negativität, denn es kommt ja in ihr etwas zum Ausdruck, was auf uns den größten Eindruck machen kann und im Sinne eines solchen möglichen Eindrucks positiv ist. Denn der möglicherweise erfahrene Eindruck der Erschütterung ist etwas Positives. Aber offenbar läßt sich dieses nicht durch positive Worte zum Ausdruck bringen. Es versagt sich der positiven Sprache.

Es wird uns in diesem Zusammenhang auch auffallen, daß mit solchen negativen Ausdrücken der Unendlichkeit und Unbedingtheit Züge oder Dimensionen der Erfahrung bezeichnet werden, die wir in der religiösen Sprache sonst Gott zuschreiben. Denn von ihm pflegt man ja in der religiösen Sprache zu sagen, er sei unendlich und unbedingt. Aber hier eröffnen sich nun diese Worte und die Erfahrungen, die in ihnen zum Ausdruck kommen, nicht von einem vorgestellten oder gedachten Gott her, sondern von dem Abgrund des Nichts her, der sich hinter aller glänzenden Positivität unseres Zeitalters für uns eröffnet. Wo Gott verschwunden ist, erscheint das Nichts. Und dies dann merkwürdigerweise wiederum in den Dimensionen Gottes. Der tolle Mensch Nietzsches hat auch hier genau gesprochen, wenn er sagte, daß wir nach dem Tod Gottes durch ein „unendliches Nichts" irren.[29]

2. Bleiben wir aber dabei, daß es sich um ein erfahrenes Nichts handelt, dann werden wir bemerken, daß es von sich her jede

Auskunft darüber verweigert, was weiter an ihm sein könnte oder was es mit ihm auf sich haben könnte. Denn das Nichts schweigt, ja es ist das Schweigen selbst, obwohl es uns bewegt und vielleicht erschüttert.

Dieses Schweigen aber ist im höchsten Maß zweideutig. Sollte etwas hinter ihm stecken und sich für uns verbergen im Dunkel seiner Macht? Oder sollte es bloß ein leeres und darum bedeutungsloses Nichts sein? Man kann beide Möglichkeiten erwägen, und man wird sehen, daß beide das gleiche Phänomen oder die gleiche Form von Erfahrung ergeben. Und ebendeswegen ist die Erfahrung des unendlichen und auf eigentümliche Weise unbedingten Nichts höchst zweideutig.

Jedenfalls können wir von ihm her nicht ausschließen, daß etwas hinter ihm stecken könnte. Sollte am Ende gar etwas Göttliches in ihm verborgen sein, vielleicht sich andeutend in den Dimensionen der Unendlichkeit und der Unbedingtheit, von denen wir sprachen? Oder ist es doch bloß ein leeres Nichts, hinter dem gar nichts steckt? Wir können es von dieser Erfahrung her nicht sagen, wir können die Zweideutigkeit dieser Erfahrung nicht auflösen. Aber wir müssen die eine wie die andere Möglichkeit offen lassen. Denn das erfahrene Nichts sagt eben nichts, und es gibt uns also keine Auskunft. Es ist einfach Schweigen.

Das ist die ungeheure Zweideutigkeit des Nichts, in das alle Fragen der Menschen und gerade der modernen Menschen schließlich münden. Und das, ob wir wollen oder nicht, unweigerlich auf uns zukommt. So viele vordergründige Dinge können wir eindeutig entscheiden. Aber in dieser wichtigsten aller Sachen bleibt die Zweideutigkeit.

VII. Die Gegeninstanz gegen die nichtige Deutung des Nichts

Gibt es aber nicht vielleicht im Kreise unserer menschlichen Erfahrung doch irgendwo eine Instanz, die uns helfen könnte, diese große rätselhafte Zweideutigkeit aufzuklären und eindeutig zu machen?

1. Wenn das Nichts, das wir erfahren, auf höchst zweideutige Weise schweigt, so spricht doch demgegenüber unser eigenes Dasein, das wir ja auch erfahren. Es spricht vor allem: „Alles sollte Sinn haben."

Nicht umsonst ist die Sinnfrage in unserer Zeit zu besonderer Stärke angewachsen. Wir haben begonnen, es neu zu spüren, daß sie die eigentlich zentrale Frage unseres Lebens und Daseins ist. Und gerade dort, wo – wie so oft im modernen Lebenszusammenhang – immer wieder ein Sinndefizit gefunden und schmerzlich erfahren wird, steht diese Frage mit besonderer Schärfe auf, und zwar so, daß sie mehr als eine bloße Frage ist. Sie ist eigentlich ein Postulat, eine Forderung. Alles sollte Sinn haben. Dieses Sollen, diese Forderung, dieses Postulat erhebt sich zu besonderer und schmerzlicher Stärke, weil das meiste, was wir erfahren können, einen wirklich standhaltenden Sinn verweigert. Hat denn wirklich alles Sinn? Ist nicht vielmehr vieles sinnlos? Empfinden wir nicht schmerzlich an allen Ecken und Enden unseres modernen Daseins, so glanzvoll es sich auch sonst entfalten mag, dieses Sinndefizit? Es könnte nicht so heftig und schmerzlich empfunden werden, so lähmend und verwirrend, ja bisweilen tödlich, wenn nicht auf seinem Grund die elementare Forderung lebte: Alles sollte Sinn haben. Diese Forderung gehört zu den Grundgegebenheiten unseres Lebens, sie ist in das Herz unseres lebendigen Daseins selbst eingeschrieben, und sie wird von daher immer wieder neu und in immer wieder neuer Gestalt erfahren und ist offenbar unaustilgbar.

Gewiß garantiert diese Forderung oder dieses Postulat nicht, daß wirklich alles Sinn hat. Und darum können wir Menschen wirklich auf den Gedanken kommen, vieles, ja alles habe keinen Sinn. Aber wir können nicht auf den Gedanken kommen, es sollte nicht alles Sinn haben.

Gerade dort, wo Menschen sich entschließen, mit der Überzeugung zu leben, alles habe angesichts der wirklichen Verhältnisse doch keinen Sinn und das Dasein sei nichts als absurd, gerade dort wird dieses Postulat wiederum vorausgesetzt. Albert Camus hat in seinen Werken mit dem größten Ernst diese Möglichkeit des absurden Daseins aufgezeigt. Auch diese Möglichkeit ist ein Charakteristikum unserer Zeit und ein Zeugnis für die Erfahrung des Nichts, dem wir alle uns ausgeliefert finden. Wer aber in diese Möglichkeit sich wendet und also mit der Überzeugung zu leben versucht, alles sei absurd und nichts habe einen wirklichen Sinn, der kann dies zwar tun. Aber das Leben wird auf diese Weise ein schmerzliches Leben werden, ein leidendes, ein entbehrendes. Es wird schmerzlich und entbehrend sein, weil es etwas entbehrt, was unser Herz nicht aufhören kann zu fordern als das innerste Bedürfnis des Lebens. Also bildet diese andauernde und offenbar unstillbare Forderung nach sinnvollem Leben die Voraussetzung einer solchen schmerzlichen und bitteren Lebensform, wie sie Camus beispielhaft erläutert hat. Die andere Voraussetzung aber ist die Entbehrung des Sinnes, und der letzte Grund dieser Entbehrung liegt in der Erfahrung des Nichts, in das alles einmündet. So läuft das Sinnpostulat an gegen das Nichts, und es stößt sich daran wund.

Ist also, wenn es so ist, nicht auch das Sinnpostulat zweideutig, bleibt es nicht eine offene Frage angesichts des zweideutigen Nichts, dem es sich letzten Endes gegenüber sieht?

2. Aber die Spannung zwischen dem Sinnpostulat und dem Nichts als die Grundsituation unseres Lebens ist doch nicht in allen Fällen zweideutig. Und die Frage nach dem Sinn bleibt nicht in allen Fällen eine offene Frage. Dies zeigt sich besonders im mitmenschlichen Lebenszusammenhang, zum Beispiel in der Liebe zu einem Mitmenschen, in der Treue und Hilfsbereitschaft anderen gegenüber, in dem Einsatz für Gerechtigkeit und Freiheit für unsere Mitmenschen und in ähnlichem. Jürgen Habermas hat in dem erwähnten Aufsatz als Alternative gegen den modernen, scheinbar allmächtigen Zweckrationalismus mit Recht auf die mitmenschliche Kommunikation und Interaktion hingewiesen.

Aber dieser Hinweis läßt sich noch weiter vertiefen. Wo wir nämlich im Zusammenhang der mitmenschlichen Kommunikation und Interaktion im Ernst in die Erfahrung der personalen Liebe oder Treue oder Hilfsbereitschaft eintreten, da können wir auch erfahren: Solches hat Sinn. Und dann wird jedenfalls für solche Fälle aus dem Postulat ein Indikativ, und auch dies durch einfache Erfahrung. Denn wir erfahren in solchen Fällen: Das Gute hat Sinn. Wir erfahren die Sinnhaftigkeit des Guten, insbesondere in seinem Gegensatz zum Bösen. Ja, hier, in der mitmenschlichen Kommunikation und Interaktion, entsteht überhaupt erst der Spielraum des Guten und des Bösen, der Spielraum dessen, was auf jeden Fall Sinn hat, und dessen, was auf jeden Fall keinen Sinn hat. Es ist der lebendige Ernst des Ethischen, der in diesem Kontext zur Erfahrung wird, eine Erfahrung, die uns lehrt, daß das Gute wirklich Sinn hat, und die uns auch verwehrt, nicht daran zu glauben. Denn wir werden es erfahren und spüren, daß wir nicht glauben dürfen, das Gute habe keinen Sinn. Wir sollen also an den Sinn des Guten glauben als an die tragende Wahrheit unseres Lebens. Dies geht gerade aus solchen Erfahrungen deutlich hervor, wenn wir sie konkret und ernst genug machen.

Also gibt es mindestens einiges, was Sinn hat, wie immer es auch im Übrigen stehen möge.

Aber fragen wir hier noch weiter: Was für ein Sinn ist das eigentlich? Wenn wir dieser Frage beharrlich weiter nachgehen, dann können wir auf einmal darauf kommen: Solches hat eigentlich unvergänglichen Sinn. Zwar gehen die zeitlichen Erscheinungen von Liebe und Treue, von Hilfe und opferbereitem Einsatz für die Gerechtigkeit vorüber und sind vergänglich. Aber in dieser Vergänglichkeit glänzt etwas Unvergeßliches und darum Unvergängliches, etwas, was sich gegen alles Vergessen und gegen alles Vergehen wehrt. Warum machen wir eigentlich so viele Anstrengungen, das Gute, das ein Mensch vielleicht getan hat, nie zu vergessen? Warum lesen wir so oft in den Todesanzeigen: „Wir werden diesen Toten nie vergessen!“, und dies unter Berufung auf das Gute, das der Verstorbene uns und anderen Menschen getan hat? Diese Redeweise „Wir werden seiner nie vergessen!“ ist natürlich gegen alle vordergründige Vernunft. Denn man vergißt den Verblichenen mit der Zeit doch. Aber andererseits entspricht diese Rede genau der tieferen Vernunft des Herzens: Das Herz spürt und erfährt, daß darin eine unvergängliche Kostbarkeit glänzt, und das Tiefere im Menschen weiß, daß die Kostbarkeit des liebenden Blicks und der brüderlich helfenden und vielleicht rettenden Hand niemals aufhören wird, kostbar und unvergeßlich zu sein, und daß diese kostbare Unvergeßlichkeit durch nichts aufzuwiegen ist, auch wenn ihre irdische Erscheinung schnell vorübergeht und auch wenn die Sterblichen diese Dinge doch wieder schnell vergessen.

Dies dürfte die Erfahrungsgrundlage sein für den Gedanken Platons, daß in den irdischen und vergänglichen Erscheinungen das Himmlische und Unvergängliche leuchte. Und insbesondere dürfte dies die Erfahrungsgrundlage sein für den Gedanken von Martin Buber. Denn Buber hat gesagt: „Die verlängerten Linien der Beziehungen schneiden sich im ewigen Du. Jedes geeinzelte Du ist ein Durchblick zu ihm.“[30]

Für uns kommt es darauf an, solche Gedanken wie die Platons oder wie die Bubers nicht nur als eine Denkfigur zur Kenntnis zu nehmen, sondern sie von ihrer Erfahrungsgrundlage her zu verstehen. Nämlich von dem spürbaren Schein des Unvergänglichen im vergänglichen Gang der Beziehungen von Ich und Du und dessen, was zwischen ihnen an Ideen glänzen mag.

Wenn dies recht gesehen ist, dann zeigen solche Beziehungen, daß sie Sinn haben, unvergänglichen Sinn.

Und diese Erfahrung bildet dann wirklich eine Gegeninstanz gegen die nichtige Interpretation der großen Erfahrung des Nichts. Denn was sich in solcher Weise als sinnvoll für die Erfahrung bezeugt, das behält seinen Sinn unvergänglich auch angesichts dieses Nichts. Kann es aber dann ein bloßes Nichts sein? Wie sollten die guten mitmenschlichen Beziehungen Sinn, ja am Ende unvergänglichen Sinn haben und behalten können, wenn sie selber früher oder später einem bloßen leeren Nichts anheimfallen, die Liebe wie der Haß, das Gute wie das Böse? Wenn es so wäre, dann würde ja alles dies letzten Endes bedeutungslos und selber nichtig sein.

Dies ist es aber nicht. Denn wir können es im lebendigen Gewissen erfahren und spüren, daß es schlechterdings nicht bedeutungslos ist.

Dies ist die entscheidende Gegeninstanz gegen die nichtige Interpretation des Nichts, das uns begegnet und einfordert.

VIII. Die Wende des Nichts als Wende zu neuer religiöser Erfahrung

Wenn es zu erfahren ist, daß es Verhältnisse gibt, die Sinn haben und aus denen sogar etwas wie unvergänglicher Sinn leuchtet, dann spricht dies dagegen, daß es jemals mit allem zusammen einem selbst leeren und bedeutungslosen Nichts anheim falle. Da es aber auf jeden Fall dem Nichts und seinem unendlichen und unbedingten Schweigen anheimfällt und da dieses, wie wir gesehen haben, nicht nur rein negativ verstanden werden muß, haben wir Grund, dieses Nichts positiv zu verstehen, nämlich als die verborgene und darum wie Nacht und Nichts erscheinende Mächtigkeit, die in ihrer unendlichen und abgründigen Unbedingtheit den Liebenden den Sinn ihrer Liebe und allen Menschen den Unterschied zwischen Gut und Böse, zwischen Recht und Unrecht wahrt. Und von daher kann es dann deutlich werden, daß man in aller Fragwürdigkeit unseres Lebens doch lieben und vertrauen und sich für die Gerechtigkeit einsetzen darf, und dies gerade auch im illusionslosen Blick auf das abgründige Nichts, das sich hinter allem erhebt und unweigerlich auf uns zukommt.

So gewinnt dieses Nichts einen positiven Sinn, ungeachtet seiner negativen Erfahrungsgestalt. Es wendet sich in sich selber um und wird spürbar als der Abgrund unendlichen Lebens, der allem Sinn gewährt. Und so wird es zu einer religiösen Erfahrung.

Auf dem Umweg über die scheinbar totale Säkularisierung der Welt und über den zu ihr gehörenden Nihilismus kann uns also erneut in der befremdlichen Gestalt des Nichts das ewige

Auge anblicken und sich unserer Erfahrung das Göttliche zuwenden.

Diese Wendung mag uns fürs erste unwahrscheinlich vorkommen. Aber sie ist möglich, und man kann für sie auch auf wichtige Zeugen hinweisen. Nennen wir einige solcher Zeugen.

Das erste Zeugnis ist die Fortsetzung der oben zitierten Stelle aus den *Four Quartets* von T.S. Eliot. Dort lesen wir, nachdem das Nichts beschworen wurde, das alles und alle einfordert und das jeden Sinn des Lebens zu verzehren scheint: „I said to my soul, be still, and let the dark come upon you. Which shall be the darkness of God." – „Ich sagte zu meiner Seele: Sei still – laß das Dunkel kommen über dich. Welche soll sein die Dunkelheit Gottes."[31]

Hier wird in einer genauen und leisen Zeile gesagt, daß die Erfahrung des Nichts und des Dunkels sich umwenden kann in das Vertrauen auf den dunklen Gott. Das ist die Wende.

Diese Wende ist vermutlich auch in den schon zitierten Versen von Paul Celan verschlüsselt ausgesprochen. Wir erinnern uns: Dort steht in der Mandorla, im Heiligenschein, das Nichts. Und dann fährt das rätselhafte Gedicht fort:

„Im Nichts – wer steht da? Der König.
Da steht der König, der König.
Da steht er und steht.
Judenlocke wirst nicht grau.
Und dein Aug – wohin steht dein Auge?
Dein Aug steht der Mandel entgegen.
Dein Aug, dem Nichts stehts entgegen.
Es steht zum König, so steht es und steht.
Menschenlocke, wirst nicht grau.
Leere Mandel königsblau."[32]

Was sagen diese Zeilen? Das Nichts steht und steht. Immer wieder neu nach jeder Wendung der Jahre und der Geschicke. Und auf einmal ist es der König. Und das Gedicht mündet in die Leere der Mandel. Diese aber leuchtet nun königsblau. Sie ist königsblau, weil das Auge zum König steht und steht. Und vom Königsblau der leeren Mandel her wird die Judenlocke nicht grau, ja die Menschenlocke nicht grau. Das Nichts hat die königliche Farbe angenommen, und es behütet die Judenlocke, ja die Menschenlocke und das Menschenauge auch in den äußersten Schrecken dieser Welt.

Es darf in diesem Zusammenhang auch an Karl Jaspers erinnert werden, der so nachdrücklich die Erfahrung der Transzendenz, also Gottes, für werdende Existenz zu beschwören wußte als die betreffende und verwandelnde Erfahrung des Geheimnisses, das nie Gegenstand eines begrifflichen Wissens werden kann und in diesem Sinne also wie Nichts ist.

Ich kann schließlich als Zeugnis für diese Wende der Erfahrung auch auf wenige Zeilen von Wilhelm Weischedel hinweisen, dem im Jahr 1975 in Berlin verstorbenen Philosophen. Er hat sich viel mit dem europäischen Nihilismus beschäftigt. Kurz vor seinem Tod hat er einige Zeilen aufzeichnen lassen. Der Umstand, daß sie im Schatten des wirklichen Todes aufgezeichnet sind, verleiht ihnen einen besonderen Rang als Zeugnis.[33] Sie lauten:

„Im dunklen Bechergrund
Erscheint das Nicht des Lichts.
Der Gottheit dunkler Schein
Ist so: Das Licht des Nichts.“

Der dunkle Bechergrund ist offenbar der Rest des zu Ende getrunkenen Lebens. Er ist dunkel, weil er dem den Becher zu Ende Trinkenden als das Nicht des Lichts, also das reine Dunkel oder das reine Nichts, erscheint. Aber dieses Dunkel oder dieses Nichts erscheint: Es zeigt sich, es gibt sich zu erfahren. Und dieser dunkle Schein wird mit einer jähen und doch leisen Wendung zum Scheinen der Gottheit. In dieser Wendung lichtet sich das Dunkel, und hellt es sich auf, ohne aufzuhören, wie Dunkel und Nichts zu erscheinen.

Dies sind merkwürdige und wichtige Zeugnisse dafür, daß sich die Erfahrung des Nichts, die dem modernen europäischen Nihilismus zugrunde liegt, in eine neue religiöse Erfahrung verwandeln kann.

Es muß freilich hinzugefügt werden, daß diese Wende der Erfahrung nicht zwingend andemonstriert werden kann. Sie ist zwar jederzeit möglich, aber sie ist niemals notwendig. Vollends kann sie nicht durch zweckrationale Verfahren hergestellt werden. Man kann sie verdeutlichen, wie wir es versucht haben. Man kann für sie Zeugen anführen, wie wir es gleichfalls getan haben. Aber die Zeugen zwingen nicht, sie machen nur aufmerksam. Und die Schritte der Verdeutlichung weisen auf Erfahrungen hin, die man machen kann, aber nicht machen muß. Denn der Erfahrung des Nichts kann man ausweichen, und dies ist eher das Gewöhnliche. Aber es ist gleichwohl eine Grunderfahrung unserer Zeit. Auch die Sinnhaftigkeit des guten mitmenschlichen Verhaltens und vollends die unvergängliche Sinnhaftigkeit solchen Verhaltens erscheinen nicht zwingend. Aber wer für diese Erfahrung bereit ist und wer sie also dann macht und wem sie einleuchtet, der wird sich ihrer gewiß und kann davon Zeugnis geben.

Zu solchen entscheidenden Erfahrungen gehört also etwas wie eine freie Bereitschaft, sich darauf einzulassen. Aber die Bereitschaft kann verstellt sein, und man kann sie auch verweigern. Dann werden solche Gedanken und solche Zeugnisse allenfalls äußerlich zur Kenntnis genommen. Und in dieser Äußerlichkeit erscheint dann, was so gesagt wird, als unwahrscheinlich. Und es kommt vermutlich überhaupt keine eigene Erfahrung zustande, und vor allem keine religiöse Erfahrung.

Gerade für die wichtigsten und entscheidendsten Grunderfahrungen ist also eine besondere Art von Bereitschaft und Offenheit der Freiheit eine Voraussetzung. Ohne diese Bereitschaft zur Freiheit werden sie gar nicht gemacht.

Dies ist auch der wichtigste Grund dafür, daß bestimmte Grunderfahrungen eines ganzen Zeitalters de facto selten vorkommen, obwohl es Grunderfahrungen wirklich des ganzen Zeitalters sind.

Und darum bedarf es einer großen und furchtlosen Bereitschaft des Denkens. Und es bedarf auch der prophetischen Denker und Dichter. Von solchem Denken und von solchen Zeugen her kann der Grund der entscheidenden Erfahrung freigelegt werden.

Und dann wird doch eine neue und freilich seltsame religiöse Erfahrung möglich auf dem Grund einer ebenso verwirrten wie großartigen Zeit, von der es scheint, daß sie alle religiöse Erfahrung ausgelöscht habe.

IX. Die geschichtliche und die groß-ökumenische Bedeutung der neuen religiösen Erfahrung

Wenn in der Gestalt des Nichts eine neue religiöse Erfahrung möglich ist und sich da und dort anzeigt, dann kann dies auch eine große Bedeutung haben für das Verständnis bestimmter Züge in unserer christlichen Traditionsgeschichte, die häufig vergessen worden sind. Und dies kann insbesondere auch eine große Bedeutung haben für das Verständnis nichtchristlicher religiöser Traditionen, seien sie jüdisch oder islamisch oder seien sie hinduistisch, taoistisch oder namentlich auch buddhistisch. Es können sich von hier aus große ökumenische Räume und Möglichkeiten eröffnen, die sowohl unsere eigene Überlieferung neu erschließen können als auch weit über unser vorwiegend europäisch geprägtes Christentum hinausreichen.

1. Zunächst sei in diesem Zusammenhang darauf hingewiesen, daß es in unserer eigenen Geschichte eine große Tradition der so genannten negativen Theologie gibt, innerhalb derer Gott als das Nichts erscheint und erfahren wird. Gewiß stehen diese Erfahrungen in einem ganz anderen geschichtlichen Zusammenhang als dem des neuzeitlichen europäischen Nihilismus. Aber umso bedeutsamer ist es, daß sie im Ergebnis schließlich auf dasselbe hinauslaufen.

Die christliche Überlieferung im ganzen hat ja eine reiche Bilderwelt und vor allem auch eine ausgebaute Welt von Begriffen entfaltet, um die religiöse Erfahrung zum Ausdruck zu bringen. Sie hat sich in das Gewand einer hoch ausgebildeten Begriffsmetaphysik gekleidet. Dies scheint geradezu das Charakteristikum der abendländischen theologisch-religiösen Sprache geworden zu sein.

Aber es gibt doch von früh an und immer wieder auch die Erfahrung und den Ausdruck der reinen Negativität. Die Erfahrung und Sprache, die alle Bilder und Begriffe wieder auflöst. Die Erfahrung schließlich des Nichts. Es sei dafür nur auf einige, freilich wichtige Beispiele hingewiesen.

Gregor von Nyssa (334–394) hat in seiner Schrift *Aufstieg des Mose* die biblische Geschichte von der Gottesschau des Mose auf dem Sinai interpretiert. Da lesen wir: „Darin liegt die eigentliche Erkenntnis des Gesuchten, darin das Sehen im Nicht-Sehen, daß der Gesuchte alle Erkenntnis übersteigt, wie durch Finsternis durch seine Unbegreiflichkeit auf allen Seiten abgeschlossen."[34] Diese Stelle und andere, die ähnlich lauten, machen deutlich, daß er von einer Erfahrung spricht. Denn er gebraucht das Wort vom „Sehen" *(horan)*. Gesehen aber wird das „Nicht-Sehen", die Finsternis, also das Nichts. Der Kirchenvater spricht in demselben Zusammenhang von der Wolke und von der Finsternis *(gnophos)*, Ausdrücke, die er dem biblischen Text entnimmt und dann auf seine Erfahrung bezieht.[35]

Bei dem Pseudo-Areopagiten Dionysos lesen wir ähnliches, und womöglich noch schärfer. Dieser wichtige neuplatonisch beeinflußte christliche Autor aus der Zeit um 500 hat später größten Einfluß auf das christliche Mittelalter gewonnen. Bei ihm begegnet Gott als „anonymia", das heißt als Namenlosigkeit oder als Nichts. Und er sagt ausdrücklich: *autos de me on hos pases ousias epekeina*. Dies darf so übersetzt werden: „Er ist nicht seiend, weil jenseits aller Seiendheit." Was keinen Namen hat und kein Seiendes ist, ist aber nur das Nichts.

Die hier ausgesprochenen Gedanken haben später hineingewirkt in die mittelalterliche und nachmittelalterliche Theologie und Frömmigkeit. In ihr haben sich wieder analoge Erfahrungen mit fast gleichen Worten ausgedrückt. Gewiß war dies nicht überall so. Gewiß hat gerade das Mittelalter die größte Kunst der metaphysischen Begrifflichkeit entwickelt. Aber auch hier wiederum finden wir, daß an sehr charakteristischen Stellen Zeugen religiöser Erfahrung auftreten, bei denen sich diese ganze kunstvolle Begrifflichkeit wiederum in Nichts auflöst. Das wichtigste Beispiel dafür ist der Meister Eckhart. Wir stehen mit ihm im 14. Jahrhundert. In der zehnten Predigt des Meisters lesen wir von einer Kraft in der Seele, „die nimmt Gott nicht, sofern er gut ist, und sie nimmt Gott auch nicht, sofern er die Wahrheit ist. Sie dringt weiter auf den Grund und sucht weiter und erfaßt Gott in seiner Einung und in seiner Einöde. Sie nimmt Gott in seiner Wüste und in seinem eigenen Grunde."[36] Hier wird aus der Einung unversehens die „Einöde" und die „Wüste". Also eine Landschaft, in der nichts zu sehen ist. Und in einer anderen Predigt lesen wir dann ausdrücklich: „Wenn er (Gott) weder Güte noch Sein noch Wahrheit noch eins ist, was ist er dann? Er ist gar nichts, er ist weder dies noch das."[37] An dieser Stelle wird es ganz deutlich, daß alle Begriffe, auch die höchsten, zwar zunächst genannt werden, aber dann schwinden und sich auflösen. Und es bleibt übrig „nihtes niht", wie es im mittelhochdeutschen Text heißt. Und es ist aus dem Kontext deutlich, daß es hier nicht darum geht, dieses „nihte niht" nur auszudenken oder irgendwie sich vorzustellen, vielmehr es unmittelbar zu spüren und zu erfahren.

Und vergessen wir auch nicht, daß in der Frühneuzeit, im 16. Jahrhundert, Johannes vom Kreuz in seiner berühmten geistlichen Dichtung von der „noche oscura“ sprach, von der dunklen Nacht. Er bezeugt in diesem Gedicht, daß dort, wo er sich in die dunkle Nacht versenkt, in die Finsternis, in der nichts zu sehen ist, sich ihm die schlechthin entscheidende religiöse Erfahrung ereignet.

Gewiß stehen in diesen Zeugnissen die Erfahrungen des Nichts in einem völlig anderen gedanklichen und erfahrungsmäßigen Kontext gegenüber unserer neuzeitlichen Erfahrung des Nichts. Aber von diesem anderen Kontext aus wird schließlich die gleiche Landschaft erreicht, die sich uns durch unser besonderes geschickliches Schicksal eröffnet hat. Und darum kann von daher Licht auch auf unsere eigenen Erfahrungen fallen. Wie wir vielleicht von unseren Erfahrungen her ein neues Verständnis finden können für manche geheimnisvollen und rätselhaften Worte, die seit alter Zeit für uns aufbewahrt wurden.

2. Hier setzt denn auch die groß-ökumenische Bedeutung dieser Gotteserfahrung in der Erfahrung des Nichts ein. Die Bedeutung nämlich für jene Ökumene, die über das Christentum hinaus in die großen außerchristlichen religiösen Traditionen hineinwirkt.

Wo immer nämlich Gott in bestimmten Bildern und in bestimmten Begriffen gefaßt wurde und wird und je mehr sich solche Bilder und Begriffe für die geschichtliche Gemeinschaft der Gläubigen verfestigen, umso mehr bilden sie auch Schranken, die Menschen von Menschen trennen, die in verschiedenen Glaubenstraditionen leben. Wo aber Bilder und Begriffe sich auflösen in die reine Stille des Nichts, da zeigt sich, daß diese Stille, dieses Nichts ganz durchsichtig ist und keine Schranken mehr aufrechterhält zwischen Menschen und ihren unterschiedlichen Traditionen.

Dies kann konkret gezeigt werden, indem man auf die Zeugnisse gleicher oder analoger Erfahrungen in verschiedenen religiösen Traditionen hinweist. Es ist gewiß kein Zufall, daß etwa der Meister Eckhart als christlicher Mystiker seine Gedanken und Erfahrungen auch aus jüdischen und islamischen Quellen genährt hat.

Die jüdische Tradition kennt seit sehr langer Zeit das Bilderverbot. Es hat seine biblische Stütze in der Stelle Exodus 20,4a. Und es hat sich schon früh verbündet mit einem Verbot des Aussprechens des Namens Gottes. Diese Verbote gehören gewiß in einen kulturgeschichtlichen Zusammenhang bestimmter Art. Aber es liegen ihnen ebenso gewiß auch religiöse Erfahrungen zugrunde. Was für Erfahrungen? In jedem Bild erscheint „etwas". Es erscheint also die Gottheit in bestimmten Zügen. Wo es kein Bild gibt, erscheinen auch keine bestimmten Züge, kein Etwas, und so erscheint nichts. Und im Namen wird die Gottheit mit einem bestimmten Wort angerufen. Wo aber kein Name genannt wird, bleibt nur Schweigen übrig. Dieses Schweigen entspricht der Erfahrung des Nichts in der Weise, daß es nicht spricht.

So ist die jüdische Grunderfahrung gleich oder jedenfalls analog der negativen Theologie im Christentum und auch analog der modernen Nichts-Erfahrung, und dies ungeachtet der verschiedenen religiösen oder nicht-religiösen Traditionen, die jeweils wirksam sind. Diese Traditionen werden in diesem Punkt gegeneinander durchsichtig.

Der Islam, der einst als geschichtsmächtiger Baum aus der Wurzel von Judentum und Juden-Christentum herausgewachsen ist, hat das Bilderverbot auf seine Weise übernommen. Wenn im Islam zwar des öfteren von den neunundneunzig Namen Allahs die Rede ist, dann heißt dies doch zugleich, daß keiner von ihnen der eigentliche Name Gottes ist. Und so darf auch kein Bild von ihm gemacht werden. Und die großen islamischen Mystiker vor allem haben gelernt, sich schweigend in das Namenlose und Bodenlose, also in das Nichts, zu versenken.

Judentum und Islam sind der geschichtlichen Herkunft nach dem Christentum verwandt. Aber auch in Religionen, die außerhalb dieser Verwandtschaft und ihrer geschichtlichen Wurzeln stehen, treffen wir Gleiches oder Ähnliches an.

Der indische *Rigveda* spricht von dem, was weder Nicht-Sein noch Sein ist, weder Tod noch Unsterblichkeit, Finsternis in Finsternis versteckt.[38] Schärfer kann das, was wir Nichts nennen, nicht ausgesprochen werden.

Das *Tao-Te-King* des Lao-Tse beginnt mit den Worten:

> „Tao, kann es ausgesprochen werden,
> Ist nicht das ewige Tao.
> Der Name, kann er genannt werden, ist nicht der ewige Name.“[39]

Dieses chinesische Wort verbietet jeden Namen, jedes Aussprechen, wo es ums Höchste und Entscheidende geht. Für dieses Wort gibt es nur reines Schweigen vor dem Namen-losen, dem Nichts.

Vor allem aber muß in diesem Zusammenhang auf den Buddhismus verwiesen werden. Es geht uns hier nicht darum, seine vielfältigen geschichtlichen Erscheinungen zu analysieren, sondern nur darum, auf seinen zentralen Begriff, nämlich den des Nirvana, hinzuweisen. Das Nirvana ist das Nichts.

Ich zitiere zum exemplarischen Beleg ein kurzes Lobgedicht aus der Geschichte „Der Ochs und sein Hirte“:

> „Peitsche und Zügel, Ochse und Hirt sind spurlos
> Zu nichts geworden.
> In den weiten und blauen Himmel reicht niemals
> Ein Wort, ihn zu ermessen.
> Wie könnte der Schnee auf der rötlichen Flamme
> Des brennenden Herdes verweilen?
> Erst wenn ein Mensch an diesen Ort gelangt ist,
> Kann er den alten Meistern entsprechen.“[40]

Was heißt dies? Der Hirt ist der Mensch. Der Ochse ist das Geheimnis, das Letzte, das Erste, das Höchste, das, was wir in unserer Sprache gewöhnlich Gott nennen. Es ist hier zu „Nichts“ geworden. Und der Mensch hat sich so darin versenkt und vergessen, daß auch er zu Nichts geworden ist. Und er braucht keine Peitsche und keine Zügel mehr, um den Ochsen zu lenken, d. h. keine Machenschaften, keine Bilder, keine Begriffe. Alles das ist verbrannt und vergangen wie der Schnee auf der rötlichen Flamme. Und es ist nur noch der weite blaue Himmel da. Nichts ist in ihm zu sehen. Und das ist das Letzte, das Höchste, das Unvergängliche.

In dieser Strophe wie in zahlreichen anderen buddhistischen Texten wird es auch klar, daß alles daran liegt, diese Erfahrung wirklich zu machen oder, wie es hier heißt, „an diesen Ort zu gelangen", an den Ort nämlich, an dem dieses Nichts, dieses Nirvana, den Menschen berührt, verwandelt und verzehrt. Ebendies unterscheidet ja den Buddhismus in fast allen seinen Variationen von der vorherrschenden Entwicklung der abendländisch-christlichen Religion und Theologie: Dort wird eigentlich keine „Lehre" im Sinne eines Systems von Begriffen entwickelt, sondern nur eine Kunst der Führung, in welcher der Meister den Schüler zu einem Punkt lebendiger Erfahrung führt, der keiner Worte mehr bedarf und auch keine mehr duldet.

3. Dies sind wenige Hinweise. Sie sollen zeigen, daß, wenn der moderne Nihilismus zu einer neuen Erfahrung der ewigen Fülle des Nichts führen kann, dann auf eine merkwürdige Weise Türen aufgehen können, die lange verschlossen waren. Nämlich zu anderen Menschen, zu anderen Traditionen, auch zu anderen Zeiten.

Gewiß sind mit diesen sich öffnenden Türen noch lange nicht alle Probleme geklärt, die in dem neuerdings so viel beschworenen Gespräch zwischen den Religionen geklärt werden sollten und müßten. Aber in einem grundlegenden und entscheidenden Punkt scheint doch ein neues Einverständnis möglich geworden zu sein. Und gewiß ist der geschichtliche Prozeß, der zur Ausbildung des europäischen Nihilismus geführt hat und der von da aus zu einer neuen religiösen Erfahrung führen kann, sehr verschieden von jenen Prozessen, die zum Beispiel zur Ausbildung der modernen Formen des Buddhismus geführt haben. Aber man darf es wagen zu sagen: Vielleicht hilft eine lange und schmerzliche Geschichte im Verhältnis der Religionen zueinander, und vielleicht hilft uns durch diese Geschichte hindurch der geheimnisvolle Finger, der diese Geschichte – wie ich glaube – trotz allem lenkt: daß wir endlich neue Wege der Verständigung finden können aufgrund einer neuen geschichtlichen Stunde und einer zu dieser Stunde gehörenden neuen Erfahrung des Unaussprechlichen.

X. Die Notwendigkeit der Konkretion

Diesen Überlegungen muß aber vor allem noch eines hinzugefügt werden: Die ernste und wirkliche Erfahrung Gottes in der Gestalt des Nichts ist keine leichte Sache. Einmal deswegen, weil dieses Nichts so ungreifbar ist. Wie sollten wir es greifen, wie sollten wir uns daran halten können? Verlieren wir uns nicht einfach darin? Brauchen wir nicht als konkrete Menschen etwas viel Konkreteres, woran wir uns müßten halten können mit unseren Hoffnungen und Ängsten? Hat Mircea Eliade, der wohl größte lebende Kenner aller Religionen aller Zeiten, nicht mit Recht auf die „soif du concret" hingewiesen, den Durst nach dem Konkreten, der sich in allen Religionen bemerkbar macht? Und dies gilt gewiß verstärkt für unsere Zeit und Welt, in der wir gelernt haben, konkrete Erfahrungen methodisch zu gebrauchen – und allem, was nicht so ist, zu mißtrauen. Es scheint, daß das Nichts, wo es als die Gestalt des Ewigen erfahren wird, für unsere *condition humaine* viel zu wenig faßbar, weil viel zu wenig konkret ist.

Und mehr noch: Hat nicht das Göttliche in der befremdlichen Gestalt des Nichts auch etwas Bedrohliches an sich? Etwas, was uns Angst macht und vor dem auszuweichen wir also geneigt sind? Wir scheinen angesichts dieser Erfahrung doch sehr infrage gestellt zu sein. Können wir sicher sein, ob dieses dunkle Geheimnis uns mit Heil winkt oder am Ende gar mit Unheil? Ist es nicht, als ob dieses Letzte und Äußerste uns eher von sich fernhielte?

Und sind es nicht vor allem diese beiden Gründe, die die Menschen veranlassen, sich so oft von dieser Erfahrung abzuwenden und sie zuzudecken mit dem vordergründigen Betrieb?

In der Tat: Das Ertragen des Dunkels Gottes und des Schweigens des Ewigen, das wie Nichts aussieht, ist schwer angesichts der Nöte dieser Welt und angesichts der Verantwortlichkeiten und der Verstrickungen, in die wir alle mit verstrickt sind, angesichts der Fragwürdigkeiten unseres Lebens und unseres Sterbens.

Dies dürfte ja auch der Grund sein, warum die dargestellte Erfahrung des Unaussprechlichen in voller Ausdrücklichkeit nur selten gemacht wird, obwohl sie die Grunderfahrung unseres Zeitalters ist und obwohl jeder Mensch im Grunde weiß, daß das Nichts auf ihn wartet und ihn einfordern wird und er sich also dazu stellen soll. Jeder weiß das, und sei es auch nur in der verdrängten Tiefe seines Herzens. Und darum geht es doch jeden an.

Aber die Ausdrücklichkeit der Erfahrung, die wir darzustellen suchten, wird eher vermieden, und so wird sie eher die Sache der wenigen sein, und auch diese wenigen werden ihre Not damit haben.

Aus diesem Grund bedürfen die Erfahrungen Gottes im schweigenden Abgrund des Nichts eines konkreten Vertreters und Zeugen in unserer konkreten Geschichte, an den wir uns halten können angesichts des scheinbar haltlosen Abgrundes, eines Vertreters und Zeugen, der uns Mut macht, nicht nur diesem Abgrund ins dunkle Auge zu blicken, sondern auch uns auf Leben und Tod ihm anzuvertrauen. Wir haben, wenn wir redlich sein und uns nicht täuschen wollen, allen Grund, uns nach einem solchen konkreten Freund und Zeugen umzusehen, der uns in dieser wichtigsten und zugleich schwierigsten Sache stärken könnte und der schließlich mit Vollmacht und auch mit dem vollen Bewußtsein der Fragwürdigkeiten unseres Lebens und des Dunkels Gottes und sogar der Not des Sterbens sagen kann: „Fürchtet euch nicht.“

Aus einem solchen Erfahrungszusammenhang könnte ein neues Verständnis Jesu erwachsen als dessen, der mit einer merkwürdigen Sicherheit und mit dem wirklichen Einsatz seines Lebens und Sterbens uns Zeugnis gab und gibt von dem, was er das „Reich Gottes“ nannte, und der über Schuld und Leid hinweg, die uns bedrücken, auf den wie Nichts erscheinenden dunklen Abgrund hinweist mit der „Frohen Botschaft“: „Glaubt. Selig seid ihr.“ Und wenn die Dogmatik, die über der Gestalt Jesu entwickelt wurde, manchen erschrecken mag, der solche Erfahrungen macht, so kann doch die konkrete Gestalt und das lebendige Zeugnis des – wie die Schrift sagt – „getreuen Zeugen“ ganz neu bedeutungsvoll für uns werden.

Über solche Erfahrungen könnte vielleicht das Altüberlieferte, die Gestalt und die Botschaft Jesu, auf dem Hintergrund neuer Erschütterungen ganz neu bedeutsam werden als der entscheidende Punkt der Orientierung des Vertrauens in unserer großen fragwürdigen und skeptischen Welt.

In diesem Zusammenhang könnte wohl auch die Gemeinschaft der Glaubenden zu neuer lebendiger Bedeutsamkeit erwachen. Denn wie wir schon sahen, bringen es die Umstände unseres Zeitalters mit sich, daß die Erfahrung des Göttlichen im Nichts als eine offene und also vor Augen liegende Erfahrung eher Sache der wenigen Einzelnen sein wird, wenn es auch eine Grunderfahrung unserer Zeit ist. Aber viel mehr Menschen machen vielleicht solche Erfahrungen nur schwankend und undeutlich, und noch mehr Menschen scheinen sie überhaupt nicht zu machen. Aber auch sie sind geprägt von der immer wieder aufbrechenden Frage nach dem Sinn dieses unseres vergänglichen Daseins. Können in dieser Situation nicht die wenigen Einzelnen, die wirklich das Nichts und in ihm das Geheimnis Gottes erfahren haben und die im Dunkel dieser Erfahrung vom Zeugnis Jesu betroffen und gestärkt wurden, diese Erfahrung bezeugen für die anderen, die in dieser Sache schwankend und unsicher blieben? Und können die, die keine oder nur undeutliche Erfahrungen dieser Art zu haben glauben, nicht auf die Stimme der Zeugen hören, die ihnen sagen: „Ich bin wirklich von Gott getroffen worden und habe seine dunkle Nähe gespürt"? Im Hören solcher Zeugnisse können dann die vielen wenig oder kaum Erfahrenen an der Erfahrung der wenigen, die von starker Erfahrung erfüllt und getroffen sind, teilnehmen. Und so kann sich die Erfahrung in der Gemeinschaft der Glaubenden oder Glaubensbereiten ausbreiten wie ein Licht oder ein Feuer, das von wenigen Herden aus sich im Raum ausbreiten kann.

Daraus könnte ein neues Verständnis dessen erwachsen, was wir Kirche nennen, nämlich als die Gemeinschaft der an Erfahrung Starken wie der an Erfahrung Schwachen, eine Gemeinschaft von Menschen, die, selber gestützt und getragen von dem vollmächtigen Zeugnis Jesu, einander stützen und einander an ihren entscheidenden Erfahrungen teilnehmen lassen, so daß alle, die Starken und die Schwachen, sich nicht zu täuschen brauchen, vielmehr gemeinsam den Sinn ihres vergänglichen Lebens kennen und ergreifen können in der von Jesus verkündeten, rettenden und heilbringenden Macht des Reiches Gottes.

Dies gilt für uns Christen. Was aber den groß-ökumenischen Aspekt dieser Sache angeht, von dem wir vorhin gesprochen haben und den wir nicht aus dem Blick verlieren wollen, so sind die Dinge in dieser Hinsicht freilich schwieriger und weniger leicht zu klären.

Aber man darf doch sehen, daß auch im Bereich der nichtchristlichen Religionen jene konkreten geschichtlichen Zeugen zu beobachten sind, für die uns – wie wir glauben – auf eine einzigartige Weise Jesus als der Christus gewährt ist, der so selber von göttlichem Glanz umstrahlt ist.

Für die Juden sind die ehrwürdigen Gestalten Abrahams und des Mose und der Propheten wichtige und entscheidende konkrete Zeugen. Sie sind auch für uns Christen ehrwürdig und unentbehrlich, und auch Jesus ist in die von ihnen herkommenden Erfahrungen und Traditionen eingetreten, hat sie vorausgesetzt, bestätigt und in seiner Weise vollendet.

Für die Muslime ist neben und mit Abraham, neben und mit den Propheten und auch neben und mit Jesus, den sie freilich anders verstehen als wir Christen, vor allem Muhammad, der Prophet, zum großen Zeugen geworden.

Schwieriger ist dieser Zusammenhang im Bereich der großen asiatischen Religionen. Sie scheinen weniger eines konkreten geschichtlichen Zeugen zu bedürfen. Dies gilt am meisten für den Buddhismus mit seinen verschiedenen, aber doch immer wieder unter sich analogen Erscheinungsformen. Doch ist hier darauf hinzuweisen, daß das Meister-Schüler-Verhältnis in diesem Bereich in hohem Maß grundlegend ist. Und hier scheint dann die Rolle des Lehrers oder Meisters am ehesten dem zu entsprechen, was in anderen Religionen, insbesondere in unserem Christentum, der konkrete Stifter für uns bedeutet. Auch im Buddhismus bedarf es so eines konkreten und qualifizierten Zeugen, um bis zur Erfahrung des Geheimnisses des Nichts vordringen und dieses Geheimnis dann bestehen zu können. Der Meister aber seinerseits ist wiederum auf Gautama Buddha bezogen und hat die „Buddha-Natur" angenommen. Auch dies beruht durchaus auf einer konkreten geschichtlichen Wurzel, die dann freilich in ihrer Traditionsgeschichte Wandlungen erfuhr, die uns Abendländern merkwürdig vorkommen mögen. Aber der große erfahrene Zeuge steht auch am Anfang dieser großen Religiosität.

Es zeigt sich also auch hier eine analoge Grundstruktur, wie wir sie in unserem Christentum erkennen, wenn auch bei uns in ganz anderer Ausbildung.

Es darf im Zusammenhang damit auch darauf hingewiesen werden, daß keine der Religionen ohne das Moment der religiösen Gemeinschaft im ganzen, das Moment des Einanderstützens und -tragens im Bestehen des Dunkels der Transzendenz, auskommen kann. So gibt es weltweit Strukturanalogien.

Gewiß gibt es in diesem ganzen Bereich der notwendigen geschichtlichen Konkretion und der in diesem Umkreis erscheinenden Strukturanalogien große Verschiedenheiten. Diese Unterschiede dürfen nicht vernachlässigt und nivelliert werden. Es ist nicht das Gleiche, ob man ein Christ oder ein Jude oder ein Muslim oder ein Brahmane oder ein Buddhist ist. Es wäre töricht, so etwas behaupten zu wollen.

Aber immer deutlicher zeichnet sich für uns Christen im Zusammenleben mit den Nichtchristen die Notwendigkeit eines verständnisvollen Dialogs ab. Und für diesen dürfte es doch von großer Bedeutung sein, daß die Geschichte uns zu weitgehend analogen Grunderfahrungen geführt hat und daß sich auch konkrete Strukturanalogien in den konkreten Gestalten vieler Religionen finden. Dies sind immerhin wichtige Grundlagen für ein gegenseitiges Verständnis und für ein wechselseitiges Gespräch. Und dies wiederum wäre dann wieder die Grundlage, die großen Probleme in der Differenz der verschiedenen religiösen Traditionen geduldig und mit dem gehörigen Respekt voreinander aufzuarbeiten.

Wir sind ja erst am Anfang, dieses Gespräch zu lernen. Viele und wichtige Fragen harren innerhalb seiner noch der Klärung. Aber es ist gerade für uns Christen, die wir an den universalen Heilswillen Gottes und die universale Bedeutung der Frohbotschaft Jesu glauben, wichtig zu erkennen, daß die Geschichte der religiösen Erfahrung uns in einem wichtigen Punkt dieser Universalität näher geführt hat.

Die Not des Mangels an religiöser Erfahrung und der damit zusammenhängende Nihilismus haben vielleicht diesen Sinn: die religiöse Erfahrung so zu verändern, daß neue Perspektiven einer wachsenden Universalität entstehen. Und freilich muß innerhalb dieser sich abzeichnenden Hoffnung noch sehr vieles geklärt werden. Wenn sich aber schon für die bisherige Entwicklung etwas wie eine Führung abzeichnet, dann darf man diese auch für die Zukunft und ihre Aufgaben erhoffen, deren Umrisse sich abzuzeichnen beginnen.

Glauben und Denken in dürftiger Zeit

Bernhard Welte und die Herausforderung der Gegenwart[1]

Holger Zaborowski

Bernhard Welte: Lebens- und Denkstationen

Als Bernhard Welte am 31. März 1906 in Meßkirch geboren wurde, fußte der Glaube an Gott in einer Gewißheit, die zumeist nie hinterfragt wurde. Die Welt, in die Welte hineingeboren wurde, war überschaubar und geordnet: eine heile Welt, von der Weltes Landsmann, der 1889 ebenfalls in Meßkirch geborene Martin Heidegger, gerade in seinen späten Lebensjahren immer wieder Zeugnis abgeben sollte. Es war eine Welt, die im Glockenturm der Stadtkirche St. Martin und im Feldweg ihre Hauptkoordinaten hatte:[2] im Blick nach oben, in der Bezogenheit des Menschen auf einen ihn bergenden Horizont und Himmel, und im Blick in die Ferne, im Leben mit der Natur und in einer Landschaft, die als Heimat erfahren wurde.

Bernhard Weltes Lebenslauf läßt sich schnell in seinen Grundzügen beschreiben: Nach der Volksschule und Realschule in Meßkirch besucht er das Gymnasium in Konstanz, studiert nach dem Abitur in Freiburg i. Br. und München katholische Theologie und wird 1929 in Freiburg zum Priester geweiht. Von 1934 bis 1948 ist er Sekretär des Freiburger Erzbischofs Conrad Gröber – auch dieser ein Landsmann Weltes. In dieser Zeit verfaßt Welte seine akademischen Gesellen- und Meisterstücke. Der Promotion 1938 über *Die postbaptismale Salbung* bei dem Freiburger Dogmatiker Engelbert Krebs folgt die Habilitation zu einem innerhalb der damaligen katholischen Theologie kontroverseren Thema, nämlich zur Frage nach dem philosophischen Glauben bei dem Philosophen Karl Jaspers. Nun widmet sich Welte der akademischen Lehrtätigkeit an der theologischen Fakultät der Universität Freiburg. Zunächst vertritt Welte den Lehrstuhl für theologische Grenzfragen, der 1954 in den Lehrstuhl für Christliche Religionsphilosophie umbenannt wird. Welte wirkt dabei weit über den deutschsprachigen Bereich hinaus und übt einen bis heute anhaltenden Einfluß vor allem auch in Südamerika aus. Zehn Jahre nach seiner Emeritierung stirbt er 1983 in Freiburg.

Welte ist Professor der theologischen Fakultät. Seine Hörer kommen aber aus allen Fakultäten. Denn als christlicher Religionsphilosoph soll er gerade auch eine Brücke schlagen: von der Theologie zu den anderen akademischen Fächern hin, zu den Fragen und Nöten der Zeit, zur Welt. Das war keine einfache Aufgabe. Denn es bedeutete, die Fragen und die Situation der Gegenwart zunächst einmal zu erkennen und sie radikal ernst zu nehmen. Es bedeutete auch, herauszuarbeiten, worin das eigentlich Christliche besteht. Die Sprache, in der die frühen Zeugnisse des christlichen Glaubens formuliert sind, das Alte und das Neue Testament oder die Schriften der frühchristlichen Konzilien, ist die Sprache einer Welt, die von der Welt des 20. oder 21. Jahrhunderts sehr verschieden ist. Die antike Gedanken- und Vorstellungswelt ist fremd geworden. Und daher stellen sich etwa die Fragen: Was an den Aussagen darüber, wer Jesus Christus ist, ist dem zeitgeschichtlichen Kontext geschuldet? Wer war Jesus Christus wirklich und wie kann man heute darüber sprechen, heute also, in einer Zeit, in der vieles, was vor zweitausend Jahren selbstverständlich war, infrage gestellt oder nicht mehr sicher ist? Wie also kann man zwischen der eigentlichen Botschaft des Christentums und ihrem jeweils zeitgemäßen Gewand unterscheiden? Diesen Fragen stellte sich Welte immer wieder neu – herausgefordert durch die jeweils aktuelle Situation und die Notwendigkeit, den christlichen Glauben neu zu erschließen.

So ereignisarm Weltes Leben von außen erscheinen mag, soviel geschah doch im Bereich des Geistigen, wenn man an die Dimensionen dieser Frage denkt: Als Welte in den Zwanzigerjahren des letzten Jahrhunderts Theologie studierte, wurde er noch in der sogenannten neuscholastischen Theologie und Philosophie ausgebildet, einem Denken, das nicht nur Welte, sondern auch vielen anderen Theologen – nicht zuletzt auch dem jungen Martin Heidegger – erhebliche Kopfschmerzen verursachte. Denn ließ sich so, in dieser abstrakten und formelhaften Sprache, überhaupt über den christlichen Glauben sprechen? Schloß man damit nicht vor allem auch die Geschichte und die Existenz des Menschen, die Sorgen, Nöte und Fragen eines jeden einzelnen Menschen aus? Heidegger fand in den Jahren nach seiner Promotion und vor allem auch nach seiner Habilitation zu einer zunehmend kritischen Haltung zum institutionalisierten Katholizismus und brach mit dem neuscholastischen „System des Katholizismus“. Welte, 17 Jahre jünger als Heidegger, brach nicht mit dem System des Katholizismus. Gerade von Heideggers Denken her konnte er das „System des Katholizismus“ von innen verändern und aufsprengen und neue Wege des theologischen Denkens aufzeigen.

Welte – ein Denker des Übergangs?

Es gibt in der Geschichte des theologischen und philosophischen Denkens immer wieder jene wichtigen Denker des Übergangs, jene Vorläufer also, die zwischen verschiedenen Paradigmen des Denkens stehen und die vieles ermöglichten, was später erst Allgemeingut geworden ist. Ohne jeden Zweifel: Welte ist auch ein solcher Denker des Übergangs. Er gehört wie Karl Rahner, wie Hans Urs von Balthasar oder wie die französischen Theologen der *Nouvelle Theologie* zu jenen Theologen, die maßgeblich zur Erneuerung des theologischen Denkens beigetragen haben. Welte hat darauf selbst aufmerksam gemacht. „Es gab eine ganze Gruppe damals junger katholischer Philosophen, vor allem in den Dreißiger- und Vierzigerjahren, die den traditionellen katholischen Thomismus in Bewegung brachten und umdachten. Sie waren alle von Heideggers unvergleichlicher Energie des Denkens erregt und vermochten daher dem alten Gedanken ganz neue Seiten abzugewinnen. Dazu gehörten Max Müller, der junge Karl Rahner, Gustav Siewerth, Johann Baptist Lotz und auch meine eigenen Versuche aus der damaligen Zeit. Es war wie ein Frühling selbständigen und strengen Denkens im Rahmen der katholischen Tradition, angeregt vom Gedanken Heideggers."[3] Insofern die katholische Theologie sich in der ersten Hälfte des 20. Jahrhunderts in einer Krise befand, war diese Erneuerung notwendig. Es war eine Erneuerung aus den Ursprüngen, aus den biblischen Quellen des Christentums und den – neu gelesenen, neu erschlossenen – Zeugnissen der frühen Kirche, aber es war auch eine Erneuerung, die die Kirche und das theologische Denken in einer Zeit, die immer noch von der Antimodernismus-Krise charakterisiert war, in einen Dialog mit der Moderne und damit mit der Lebenswelt des heutigen Menschen brachte.

War vielleicht Weltes Denken *nur* ein Übergangsdenken? Teilt er das Schicksal mit vielen anderen Übergangsdenkern, daß sich nämlich die Nachwelt ihnen gegenüber sehr undankbar verhält? Denn zu sehr sprechen sie noch die Sprache einer längst vergangenen Zeit, zu sehr stehen sie zwischen den Stühlen, zu wenig radikal erscheinen sie, zu sehr bleiben sie einer alten Welt verhaftet. Man könnte so denken und Welte eine nur noch historische Bedeutung zuschreiben. Die Tatsache, daß Weltes Denken im heutigen theologischen Diskurs – ganz zu schweigen von der Philosophie – nur noch eine sehr untergeordnete Rolle spielt, scheint diese Interpretation zu bestätigen. Heute beschäftigt die Theologie andere Fragen; andere Denker, andere Probleme, andere Anfragen sind von Interesse. Und doch: Gerade wenn man heute noch einmal Weltes Schriften zur Hand nimmt, findet man auch vieles, das die Zeit überdauert hat und – eigentlich – einer Wiederentdekkung harrt. Gewiß, es gibt das, was seine Zeit gehabt hat, Themen und Thesen, die angestaubt und antiquarisch wirken. Es gibt aber jenes andere, das zeigt, daß Welte mehr als nur ein Denker des Übergang ist oder daß – wenn man es etwas vorsichtiger formuliert – der Übergang, um den sich Welte bemühte, ein Übergang ist, der heute auch noch von Bedeutung ist. Denn die Erneuerung, um die es Welte ging, jene Frage, die in der Mitte seines Denkens steht, ist für das theologische und religiöse Denken immer noch wichtig – gerade in Zeiten, in denen man sich aus einer gewissen Orientierungslosigkeit heraus nicht selten Heil in einer naiven, geschichtsvergessenen

Rückwendung zu vermeintlich besseren vergangenen Zeiten verspricht.

Die Grundfrage nach Gott

Jeder Versuch, ein umfangreiches Werk, das sich über Jahrzehnte entwickelt hat, auf nur eine einzige Frage zu reduzieren, hat seine Grenzen, aber es mag helfen, bei aller Entwicklung und bei aller Vielfalt eines denkerischen Werkes doch die ihm zugrunde liegende Einheit, den Bezugspunkt und den einen Gedanken, auf den sich die vielen Gedanken und Fragen beziehen, zu suchen: Worin also besteht jene Grundfrage Weltes, die sich in allen Gedanken spiegelt und das Weiterdenken immer neu anregt und bewegt? Es ist die Frage nach Gott und damit auch nach dem, was dem Menschen zutiefst heilig ist. Welte fragte allerdings nicht nach Gott und dem Heiligen aus rein theoretischem Interesse. Er fragte nach Gott und dem Heiligen, weil der Mensch, das Gelingen oder Scheitern seines Lebens, unmittelbar davon betroffen ist, wie diese Frage beantwortet wird.

Daß Gott ist und sich des Menschen annimmt, ja, immer schon angenommen hat, ist nicht mehr selbstverständlich. Welte war sich der Faktoren sehr bewußt, die dazu geführt hatten, daß Gott immer mehr an den Rand geraten war. Kann der heutige Mensch in seiner Situation überhaupt noch an Gott glauben? Kann er das Heilige überhaupt noch erfahren? Wird nicht alles, was als heilig erfahren werden kann, auf Geschichte, Kultur, Tradition oder Psychologie – also auf etwas anderes – reduziert? Ist die gegenwärtige Welt daher nicht eine entheiligte Welt? Früher, in jener Welt, in der Welte aufgewachsen ist, gab es noch heilige Zeiten und heilige Orte, die das Leben der Menschen bestimmten und orientierten. In der heutigen Zeit wird die Differenz zwischen dem Heiligen und dem, was nicht heiligt ist, immer weniger wichtig. Gott hat sich entzogen. Manche sagen, er fehle; sie sehnen sich noch nach dem verlorenen Gott. Anderen fällt dies kaum auf. Wieder andere halten den „Tod Gottes“ für eine Befreiung des Menschen. Wie also läßt sich heute, in einer spätmodernen Welt, noch von Gott sprechen? Wie läßt sich jene Erfahrung der Gegenwart Gottes verständlich machen, die im Zentrum des christlichen Glaubens steht?

Es gelte daher, so Welte, neu darüber nachzudenken, was uns das Wort „Gott“ sagen könne und wie sich von einem Gott, der ein wahrhaft göttlicher Gott sei, reden lasse. Dabei ist es auch notwendig, selbstkritisch die eigene christliche Tradition in den Blick zu nehmen. Die „*christliche Theologie* ist nach Heidegger“, so legt Welte dar, „schon früh dem Geschick der Metaphysik, d. h. dem vorstellenden Denken, verfallen. Damit aber wurde in seiner Deutung der Gott ein im Denken vor- und sichergestellter Gott. Als solcher wird er immer mehr ein künstliches Gebilde der Menschen und hört auf, ein ‚*göttlicher Gott*‘ zu sein. Zu diesem Gott der Metaphysik und der metaphysischen Theologie aber – so wird uns gesagt – ‚kann der Mensch weder beten noch kann er ihm opfern‘.“[4] Wie aber kann man einen Gott denken, vor dem man beten und dem man opfern kann? Wie läßt sich Gott als göttlicher Gott denken – und erfahren? Dies ist die Grundfrage, um die es Welte immer wieder ging.

Um diese Frage zu beantworten, wagt Welte den Dialog mit der zeitgenössischen Philosophie. Hatte Bernhard Welte zahlreiche Anregungen durch das Denken Augustinus', Bonaventuras, Thomas' von Aquin, Meister Eckharts, Søren Kierkegaards oder Friedrich Nietzsches erfahren, so war das Denken des 20. Jahrhunderts doch für ihn von entscheidender Bedeutung: Nicht nur Edmund Husserl, Martin Heidegger oder Karl Jaspers waren von ihm geschätzte Gesprächspartner, sondern auch Philosophen der Frankfurter Schule wie Theodor W. Adorno und Max Horkheimer oder auch Ludwig Wittgenstein. Man müsse, so Welte, von diesen neuzeitlichen und gegenwärtigen Denkern lernen. Denn sie zeigen in besonderer Weise die heutige Situation und die mit ihr verbundenen Herausforderungen.

Phänomenologie, Theologie und die Aufgaben philosophischer Meditation

In seinen Versuchen, auf die Grundfrage nach Gott zu antworten, setzte sich Welte nicht nur mit den Inhalten der Philosophie der Neuzeit und der Gegenwart auseinander, sondern auch mit ihren neuen Methoden. Von besonderer Bedeutung wurde dabei für ihn – neben den Ansätzen geschichtlichen oder existenzphilosophischen Denkens, die sich seit dem 19. Jahrhundert entwickelt hatten – die Phänomenologie, die ursprünglich vor allem durch Edmund Husserl grundgelegt und dann maßgeblich von Martin Heidegger weiterentwickelt worden war. Welte fand in der Phänomenologie eine wichtige Ergänzung des theologischen Denkens, die es ihm möglich machte, die theologischen Probleme wieder ins Menschliche zu übersetzen, die Frage des Menschen nach Gott einer Antwort zuzuführen und aufzuweisen, wie Menschsein und wie Christsein eigentlich geschehe.

In der Phänomenologie geht es darum, „zu den Sachen selbst"[5] zurückzugehen. Darin liege, so Welte, „eine Grundentscheidung: sich die Erscheinungen in Dasein und Welt geben zu lassen, sie sich selbst aussprechen zu lassen. Die Sachen selbst! Das, was sie selbst von sich selbst sagen, d. h. zeigen"[6]. Das bedeutet, die Phänomene so, wie sie sich von sich selbst her zeigen, zu sehen und zu bedenken, gerade ohne auf überlieferte und Wahrheit verbergende Kategorisierungen und Typisierungen zurückzugreifen.

Dieser neue Weg eines vorbehaltlosen philosophischen Denkens führte Welte zur „Sache" zweifelnd-verzweifelter und glaubender, aufs Spiel gesetzter und auf Sinn hoffender, endlicher und auf Unendlichkeit hin liebender Freiheit. Ein solches Denken ist ein offenes Denken, das auch vor Überraschungen, vor dem ganz Neuen und Anderen, vor einem Ereignis im Denken selbst, das sich weder machen noch bewirken läßt, nicht zurückschreckt. Klaus Hemmerle, bis zu seinem Tod Bischof von Aachen und ein Schüler Weltes, charakterisierte Weltes Denken daher folgendermaßen: „Sosehr solches Denken von Anfang an sich transzendiert, sosehr ist das Geschehen des Transzendierens zum gewährenden Anderen je Ereignis. Es ist immer überraschend, neu, spannend, wenn im Zulauf der Phänomene in ihrer eigenen Mitte die Umkehr in jenes geschieht, was sich in ihnen vorenthält und doch sie gewährt."[7]

Welte ging es daher nicht um ein begreifendes, ein Bescheid wissendes und alles einordnendes, sondern um ein lassendes, ein demütiges, verhaltenes und gelassenes Denken. Viele seiner Schriften mag man daher als philosophische oder phänomenologische Meditationen bezeichnen. Zum einen bedeutet dies: Weltes Denken bleibt innerhalb dessen, was die Vernunft auszusagen vermag, nicht aber, ohne kritisch darauf aufmerksam zu machen, daß die am Erfahrungsideal der modernen Naturwissenschaften orientierten Philosophien nicht beweisen können, „daß das, was sie behandeln, alles ist, was es zu behandeln gilt, und daß es nicht auch noch andere Dimensionen gebe“[8]. Erfahrung, so Welte, beschränkt sich nicht auf das, was die neuzeitliche Wissenschaft Erfahrung nennt, auf ein geschichtsloses Wissen, das durch Quantifizierbarkeit, Reproduzierbarkeit und Prognostizierbarkeit seiner Ergebnisse gekennzeichnet ist und in dem Wissen oft auf eine Macht, manipulativ in die Wirklichkeit einzugreifen, reduziert wird. Vernunft kommt von vernehmen. Sie muss, wenn sie überhaupt etwas Sinnvolles sagen möchte, immer schon etwas voraussetzen, das sie nicht selbst gemacht hat. Weltes Denken ereignet sich so in der Haltung der Dankbarkeit, Verhaltenheit und Scheu[9] und formuliert eine kritische Anfrage an das neuzeitliche Verständnis von Vernunft und Wissenschaft.

Derart aber bleibt Weltes Denken ein philosophisches, ein vorbehaltloses, ein immer neu fragendes Denken. Reflektiert sein Denken Grundphänomene menschlicher Existenz – Sprache, Zeit, Geschichte, Liebe, die Feier, Schuld und Angst, den Anderen und den ganz Anderen –, so beinhaltet es immer auch den Appell, sehen zu lernen und sich durch die Geheimnisse menschlichen Lebens führen zu lassen – bis hin zu dem äußersten von der Vernunft erreichbaren Gipfel, von dem her sich das Geheimnis aller Geheimnisse nur als unendlicher Abgrund zeigt. Indem er diesen Weg ins Geheimnis selbst geht, ist Weltes Denken auch meditativ – dabei den Leser einführend, den Phänomenen nachsinnend und sie umkreisend, um möglichst viele ihrer Aspekte sich zeigen zu lassen, die philosophische Lebenshaltung einübend.

Wie Menschsein geschieht: Die Erfahrung des Nichts

Welte wußte, daß die Erfahrung, die das Leben vieler Menschen bestimmt, die Erfahrung des Nichts ist: daß es letztlich mit allem nichts auf sich habe, daß man sich vielleicht schöne Gedanken über den Sinn des Lebens machen könne, daß es aber trotzdem am Ende nichts mit allem auf sich gehabt habe. Daher denkt Welte immer auch dem nach, was mit „Nichts" eigentlich gemeint ist. Seine Phänomenologie des Nichts vermeidet dabei zwei Gefahren in der theologischen Auseinandersetzung mit dem Nihilismus: Weder sieht Welte in ihm nur den intellektuellen Gegner, den es argumentativ zu „erledigen" gelte, noch biederte er sich ihm an und entwickelte eine „Gott-ist-tot"-Theologie, die sich einzig noch als Nachlaßverwalter eines einstmals lebendigen Erbes versteht. Weltes Denken vermag es dabei, die positiven Impulse des europäischen Nihilismus aufzugreifen und auf ihren Sinn hin zu hinterfragen. Wenn denn Wahrheit sich epochal ereignet, also selbst auch geschichtlich zu verstehen ist, so hat die nihilistische Weltgestalt der Wahrheit auch eine Bedeutung, die sich dem phänomenologisch geschulten Blick Weltes zeigt.

Was aber erfährt Welte im Angesicht des Nichts? Was zeigt sich ihm im Schweigen des Nichts? Weltes Theologie geht von

Grundannahmen aus, die einen ersten Hinweis darauf geben, was als Erfahrung des Nichts geschieht. Der Mensch transzendiert sich, erstens, immer schon auf Sinn, er ist auf eine Gestalt erfüllten Lebens hin angelegt, die sich in den Sinnerfahrungen des Alltags zeigt und einen Appell formuliert: „Wir sollen also an den Sinn des Guten glauben als an die tragende Wahrheit unseres Lebens.“[10]

Das Geheimnis Gottes sprengt, zweitens, alle menschlichen Begriffe und Vorstellungen. Gott ist und bleibt Geheimnis, er übersteigt alle Kategorien, mit deren Hilfe der Mensch das Seiende zu verstehen sucht. Er ist, wie schon die Tradition wußte, über-seiend, er ist nicht etwas, das von unserem begrifflichen Denken verstanden werden könnte. Das aber ist gerade die etymologische Definition von „Nichts“: nicht-etwas. Jeder Gott aber, der verstanden werden kann, der „etwas“ ist – und nicht letztlich nichts – ist ein vom menschlichen Denken gemachter Gott.

Auf der Grundlage dieser Annahmen entwickelt Welte einen phänomenologischen Zugang zur modernen Erfahrung des Nichts. In dieser Erfahrung, so Welte, könne sich das Nichts auch als eine Antwort auf die Frage nach dem Sinn des menschlichen Lebens und auf die Frage nach Gott zeigen. Denn das Nichts könne zwar ein radikal nichtiges Nichts sein. Es könne aber auch, so Welte vorsichtig vermutend, selbst auf dasjenige Geheimnis verweisen, das wir Gott nennen. Es sei nämlich möglich, daß sich in ihm auch eine verborgene Fülle zeige: das Licht des Nichts. Gerade weil in der Erfahrung des Nichts alle Begriffe und Vorstellungen zerbrechen, könne sich in dieser Erfahrung daher auch ein Zugang zum göttlichen Gott zeigen, der eine Alternative zu einer Theologie darstellt, die Gott aus seinem Begriff heraus zu wissen und zu begreifen beansprucht und dadurch auf etwas bloß Menschliches verkürzt.

Angenommen also, das Nichts wäre nicht Abwesenheit, sondern Verbergung von Sinn: Kann man das Geheimnis, das sich in ihm zeigen kann, verehren, kann man zu ihm beten und nicht nur von ihm als einem rein abstrakten Geheimnis sprechen? Welte beantwortet diese Fragen positiv. Das Absolute könne nämlich nicht geringeren Ranges sein als das, was in ihm seinen Ursprung habe. Für Welte sind es überdies die Erfahrungen eines nicht von Menschen gemachten, wenn auch zumeist in der Begegnung mit Menschen erfahrenen Sinnes, in denen sich die Vermutung bewährt, daß das Nichts nicht ein nichtiges Nichts sei. Welte nennt hier die Phänomene Liebe und Einsatz für Freiheit und Gerechtigkeit. Angesichts der Sinnerfahrungen, die sich in diesen Phänomenen schenken, zeige sich, daß das Nichts nicht nur das nichtende, also alles radikal infrage stellende Nichts sein dürfe. Welte stellt in diesem Zusammenhang ein ethisches Postulat auf: daß die Erfahrung von Sinn kein Trug sei, sondern in der Sinndimension des Nichts gründe und auf sie verweise.

Spiegelt die Erfahrung des Nichts die tatsächliche Nichtigkeit des menschlichen Lebens wider? Triumphiert am Ende der mephistophelische Geist, der stets verneint? Oder zeigt sich in der Erfahrung des Nichts etwas anderes, ein geheimnisvolles Licht, in dem sich das Nichts als Fülle zeigt? „Aus der Enge hast Du mir Weite gemacht" (Psalm 4,2), so betete Welte oft mit den Worten des Psalmisten. Er drückte damit die Grunderfahrung seines eigenen Lebens und Denkens aus: daß sich aus der engen Dunkelheit des Nichts und der Gottesferne die lichte Weite des Heiligen und die Nähe des göttlichen Gottes schenkt.

Die Gegenwart Bernhard Weltes

Welche Anstöße gibt Welte nach wie vor für den Glauben, das Denken und das Leben? Worin liegt seine bleibende Aktualität? Zum einen liegt seine Bedeutung in der Radikalität seines Fragens. Auch wenn man heute in manchem anders fragen würde und wenn das heutige Fragen anders radikal wäre, ja, anders radikal sein müßte, so kann man von Welte her immer wieder neu lernen, was es heißt, mit der notwendigen Radikalität Fragen zu stellen. Denn der Mensch, so Weltes Auffassung, lebt selbst als Frage, als Frage nach Sinn und Zuspruch, als Frage nach Heil und Heilung, als Frage nach Weite und Größe. Obwohl Menschen so leben, als Frage, tendieren sie doch immer wieder dazu, das Fragen zu unterbinden. Wenn man allerdings selbst leben und nicht einfach gelebt werden möchte, kann man dies nicht immer tun und darf man sich nicht immer mit Antworten zufrieden geben, die andere einem gegeben haben. Man muß selbst fragen und seine eigenen Antworten finden. Diese Aufgabe hat Welte immer wieder neu verdeutlicht. Denn zu glauben bedeutet für ihn zunächst einmal, daß wir als wir selbst selber glauben und in diesem Geschehen unsere ganze Existenz und ihre Fraglichkeit mit einbringen.

Welte hat aber auch verdeutlicht, daß es nicht bei einem reinen Fragen bleiben darf. Der Mensch existiert als Frage, aber er bedarf einer Antwort. Die Antwort auf die Frage, die er selbst ist, hat Bernhard Welte in jenem göttlichen Gott, der sich in Jesus Christus gezeigt hat, gefunden. In ihm und damit im christlichen Glauben findet er einen Zuspruch, der die Fragen des Menschen nach Sinn und Weite beantwortet. Es ist eine Erfahrung, die der Mensch nicht macht, sondern die sich ihm gibt. Diese Antwort ist aber nicht nur Weltes Privatantwort. Vielmehr geht er davon aus, daß sich im christlichen Glauben eine Antwort für das Fragen aller Menschen zeigen kann.

Anmerkungen

1 Bernhard Welte, *Religionsphilosophie*, Frankfurt am Main 1997, 84–108 [jetzt als: Bernhard Welte, *Gesammelte Schriften*, Bd. III,1, hrsg. von Klaus Kienzler, Freiburg im Breisgau 2008, 50–68].

2 Vgl. Bernhard Welte, „Religiöse Erfahrung heute und Sinnerfahrung", in: Günter Stachel u. a. (Hrsg.), *Sozialisation, Identitätsfindung, Glaubenserfahrung*, Zürich 1979, 122–133 [jetzt in: Bernhard Welte, *Gesammelte Schriften*, Bd. III/2, hrsg. von Markus Enders, Freiburg im Breisgau 2008, 139–152].

3 Dieser Vortrag findet sich in: *Erbe und Auftrag* 55 (1979), 195–207.

4 Vgl. bes. Franz Courth, „Erfahrung – ein theologischer Begriff?", in: *Theologie der Gegenwart* 20 (1977), 211–218; Dietmar Mieth, „Nach einer Bestimmung des Begriffs ‚Erfahrung': Was ist Erfahrung?", in: *Concilium* 14 (1978), 159–167. Dieses ganze Heft ist dem Thema „Erfahrung und Glaube" gewidmet. In beiden Abhandlungen findet man reichliche Hinweise auf weitere Literatur. Ich darf in diesem Zusammenhang auch auf meinen Aufsatz „Erfahrung und Geschichte" hinweisen, in: Bernhard Welte, *Zeit und Geheimnis. Philosophische Abhandlungen zur Sache Gottes in der Zeit der Welt*, Freiburg im Breisgau 1975, 28–40 [jetzt in: Bernhard Welte, *Gesammelte Schriften*, Bd. I/2, hrsg. von Ingeborg Feige, Freiburg im Breisgau 2006, 32–45].

5 Ludwig Wittgenstein, *Tractatus logico-philosophicus*, in: Ludwig Wittgenstein, *Schriften* I, Frankfurt am Main 1960, 6.432.

6 G. W. F. Hegel, *Phänomenologie des Geistes* (= *Gesammelte Werke* 9), hrsg. von Wolfgang Bonsiepen und Reinhard Heede, Hamburg 1980, 29.

7 Vgl. Hans-Georg Gadamer, *Wahrheit und Methode. Grundzüge einer philosophischen Hermeneutik*, Tübingen ^{2}1965, 329ff.

8 Augustinus, *Bekenntnisse*, eingeleitet, übersetzt und erläutert von Joseph Bernhart, München 1955, VII, 10.

9 Augustinus, *Bekenntnisse*, VII, 10.

10 Vgl. dazu auch Franz Courth, „Erfahrung – ein theologischer Begriff?", 193ff., wo Courth ausdrücklich von der persönlichen Bezogenheit und der Ganzheitlichkeit der Erfahrung spricht.

11 Bertold Brecht, *Gesammelte Gedichte*, Frankfurt am Main 1967, 260.

12 Zitiert und übersetzt nach: Sainte Thérèse [Thérèse de l'Enfant-Jésus], *Manuscrits Autobiographiques*, Paris 1992, 339 bzw. 342.

13 Sainte Thérèse, *Manuscrits Autobiographiques*, 337.

14 Martin Heidegger, „Die Frage nach der Technik", in: Martin Heidegger, *Vorträge und Aufsätze*, Pfullingen ^{6}1990, 9–40 [= GA 7, 5–36].

15 Jürgen Habermas, *Wissenschaft und Technik als „Ideologie“*, Frankfurt am Main 1968.

16 Horst Eberhard Richter, *Der Gotteskomplex. Die Geburt und die Krise des Glaubens an die Allmacht des Menschen*, Reinbek bei Hamburg 1979.

17 Max Horkheimer, *Zur Kritik der instrumentellen Vernunft*, hrsg. von Alfred Schmidt, Frankfurt am Main 1967.

18 Karl R. Popper, *Logik der Forschung*, Tübingen ^{6}1976, 76.

19 Karl R. Popper, *Falsche Propheten. Hegel, Marx und die Folgen* (= *Die offene Gesellschaft und ihre Feinde* 2) Bern ^{3}1973, 285.

20 Blaise Pascal, *Pensées*, in: Blaise Pascal, *Pensées et opuscules*, hrsg. von Léon Brunschvicg, Paris 1951, n. 72: „Nous brûlons de désir de trouver une assiette ferme, et une dernière base constante pour y édifier une tour qui s'élève à l'infini; mais tout notre fondement craque, et la terre s'ouvre jusqu'aux abîmes.“

21 Vgl. Blaise Pascal, *Pensées*, n. 72.

22 Vgl. Friedrich Nietzsche, *Die fröhliche Wissenschaft*, KGA V, 2, 158f.

23 Vgl. Friedrich Nietzsche, *Die fröhliche Wissenschaft*, KGA V, 2, 158f.

24 Friedrich Nietzsche, *Nachgelassene Fragmente. Herbst 1887 bis März 1888*, KGA VIII, 2, 431.

25 Vgl. darüber meine Abhandlung „Gott im Denken Heideggers“, in: Bernhard Welte, *Zeit und Geheimnis. Philosophische Abhandlungen zur Sache Gottes in der Zeit der Welt*, Freiburg im Breisgau 1975, 258–282 [jetzt in: Bernhard Welte, *Gesammelte Schriften*, Bd. II/2, hrsg. von Holger Zaborowski, Freiburg im Breisgau 2007, 156–178].

26 T.S. Eliot, *Four Quartets*, London 1956, 18f.

27 Zitiert aus: T.S. Elliot, *Gesammelte Gedichte* 1909–1962 (= *Werke* 4), hrsg. von E. Hesse, Frankfurt am Main ^{2}1988, 297.

28 Paul Celan, *Die Niemandsrose*, Frankfurt am Main 1964, 42.

29 Vgl. Friedrich Nietzsche, *Die fröhliche Wissenschaft*, KGA V, 2, 158f.

30 Martin Buber, *Schriften zur Philosophie* (= *Werke* 1), München/Heidelberg 1962, 128.

31 T.S. Eliot, *Four Quartets*, London 1956, 18f.

32 Paul Celan, *Die Niemandsrose*, Frankfurt am Main 1964, 42.

33 *Der Ochs und sein Hirte. Eine altchinesische Zen-Geschichte. Mit japanischen Bildern aus dem 15. Jahrhundert*, erläutert von Meister Daizohkutsu R. Ohtsu., übersetzt von Kôichi Tsujimura und Hartmut Buchner, Pfullingen ^{2}1973, 41.

34 Zitiert nach Gregor von Nyssa, *Aufstieg des Moses*, übersetzt und eingeleitet von Manfred Blum, Freiburg im Breisgau 1963, 92. Den griechischen Text findet man z. B. in den *Sources chretiennes*, Bd. 1, hrsg. von Jean Daniélou, Paris ^{2}1955.

35 Vgl. des näheren dazu: Jean Daniélou, *Platonisme et théologie mystique. Essai sur la doctrine spirituelle de Saint Grégoire de Nysse*, Paris 1944, 202.

36 Meister Eckhart, *Die deutschen und lateinischen Werke. Die deutschen Werke*, Bd. 1, hrsg. von Josef Quint, Stuttgart 1958, 107, 12–15.

37 Meister Eckhart, *Die deutschen und lateinischen Werke. Die deutschen Werke*, Bd. 1, 401, 1f.

38 Zitiert aus: *Weltreligionen. Hinduismus, Buddhismus, Islam. Theologische Perspektiven*, ausgewählt und bearbeitet von Ludwig Hoffmann (= *Theologisches Forum* 8), Düsseldorf 1972, 17.

39 Lao-tse, *Tao-Tê-king*, aus dem Chinesischen übersetzt und kommentiert von Victor von Strauss, Zürich 1950, 57.

40 *Der Ochs und sein Hirte. Eine altchinesische Zen-Geschichte. Mit japanischen Bildern aus dem 15. Jahrhundert*, Pfullingen ^{2}1973, 41.

Glauben und Denken in dürftiger Zeit

1 Dieser Text geht auf den Vortrag zurück, den ich im Juni 2006 im Rahmen der Gedenkfeier der Stadt Meßkirch aus Anlaß des 100. Geburtstages Bernhard Weltes gehalten habe. Für diese Veröffentlichung wurde der Text gekürzt und überarbeitet; der Vortragsstil wurde beibehalten. Eine ausführlichere Fassung ist erschienen in: *Meßkircher Heimathefte* 12 (2006), 4–20.

2 Vgl. hierzu auch Karl Kardinal Lehmann, „Feldweg und Glockenturm. Martin Heideggers Denken aus der Erfahrung seiner Heimat“, in: Stadt Meßkirch (Hrsg.), *Feldweg und Glockenturm. Festschrift anläßlich des 30. Todestages von Martin Heidegger*, Meßkirch 2007, 11–40.

3 Bernhard Welte, „Denken und Sein. Gedanken zu Martin Heideggers Werk und Wirkung“, in: Martin Heidegger / Bernhard Welte, *Briefe und Begegnungen*, hrsg. von Alfred Denker und Holger Zaborowski, Stuttgart 2003, 137–146, 145.

4 Bernhard Welte, „Denken und Sein. Gedanken zu Martin Heideggers Werk und Wirkung“, aaO., 142.

5 Vgl. Edmund Husserl, *Logische Untersuchungen*, II. Band, 1. Teil: *Untersuchungen zur Phänomenologie und Theorie der Erkenntnis*, hrsg. von Ursula Panzer (= *Husserliana* XIX/1), The Hague, Boston und Lancaster 1984, 10 und Martin Heidegger, *Sein und Zeit*, Tübingen 171993, 27 und 34.

6 Bernhard Welte, „Gott im Denken Heideggers“, in: Martin Heidegger / Bernhard Welte, *Briefe und Begegnungen*, aaO., 91–114, 92.

7 Klaus Hemmerle, „Denken der Grenze – Grenze des Denkens. Zur Phänomenologie Bernhard Weltes“, in: Klaus Hemmerle, *Auf den göttlichen Gott zudenken. Schriften zur Religionsphilosophie und Fundamentaltheologie* 1, ausgewählt und eingeleitet von Heinz-Jürgen Görtz, Klaus Kienzler und Richard Lorenz, Freiburg, Basel, Wien 1996, 239–259, 254.

8 Bernhard Welte, *Religionsphilosophie*, hrsg. von Bernhard Casper und Klaus Kienzler, Frankfurt am Main 1997 (2. Auflage), 77.

9 So hat Bernhard Casper den Stil des theologischen Denkens und Sprechens Weltes charakterisiert; vgl.: Bernhard Casper, „Verhaltenheit. Zum Stil des Denkens Bernhard Weltes“, in: Ludwig Wenzler (Hrsg.), *Mut zum Denken, Mut zum Glauben. Bernhard Welte und seine Bedeutung für ein künftige Theologie* (Tagungsberichte der Katholischen Akademie der Erzdiözese Freiburg), Freiburg i. Br. 1994, 162.

10 Vgl. oben S. 51.